「貧乏老後」に泣く人、「安心老後」で笑う人

横山光昭

PHP文庫

○本表紙図柄＝ロゼッタ・ストーン（大英博物館蔵）
○本表紙デザイン＋紋章＝上田晃郷

はじめに——老後に泣くか笑うかは、ほんのちょっとの「差」

「老後にはいったいいくらかかるのだろう？」

これは最近よく聞くお金に関する悩みのひとつです。「老後に最低限必要な資金は3000万円」などとも言われますが、実際には、「老後には5000万円以上必要だ」と言う専門家の方もいれば、「いや、1億円以上なければ安心できない」と言う方もいらっしゃいます。このようなことを耳にするにつけ、老後に漠然とした不安を覚える方も多いのではないでしょうか。

いまや、日本は世界一の長寿国。**平均寿命は女性が87歳、男性が80歳**と言われています（WHO世界保健統計2015年）。つまり、60歳で定年退職を迎えたとしても、平均的にはあと20年以上は生きていく、という計算です。この20年間というのは、人がこの世に生を受けてから成人式を迎えるまでと同じ年数です。定年後は、その成長にかかった期間と同じだけの期間をかけ、人生の幕がおりるまでを過ごすことになります。そして、その過ごし方の「質」は、あなた自身にかかっています。

定年までの毎日は、仕事や子育てに追われて、自分の好きなこともなかなかできなかった、という方も多いでしょう。できることなら老後はこれらのことからすべて解放されて、趣味など自分のやりたいことに思いきり打ち込んだり、緑や自然の多い場所に移り住んで、悠々自適に暮らしたりしながら、第二の人生を謳歌したいと、あれこれ夢をお持ちの方もいらっしゃるのではないでしょうか。

けれど、長く生きるということは、お楽しみだけが待っているわけではないのもまた事実です。生きていくためには、そう、なにかしら「お金」が必要になってきます。食べ物、飲み物、洋服、水道、ガス、電気、病院に薬、交通費、家の維持費、美容院、税金、犬やネコなどペットを飼っている方はその子たちの食事やらケアやら……と、この世の中ではなにかにつけお金が出ていきます。

さて、いざ年金が出たところで、老後のお金に対する不安は消えるかというと、決してそうではありません。果たして年金だけで生活できるかどうか？　という心配があるでしょう。残念ながら、年金の支給金額は下降の一途をたどっています。一方で消費税はぐんぐんあがり、物価は高くなっていくばかり。生活費はどんどんかかっていきます。「長生きリスク」などという言葉もあるほどです。

……などと書いていると、「こんなんじゃ、生きていても楽しくないじゃないか。将来の希望も何もあったものではない……」という嘆きの声が聞こえてきそうですが、そんな時代でも、いやそんな時代だからこそ、それらの荒波を乗り越え、しっかりと老後の人生を楽しんでいただきたい、と私は思うのです。なぜなら、お金の使い方をちょっと変えるだけで、お金に関する悩みはかなり解消されるからです。

特にそれは50代以降の方に顕著に表われます。というのも、50代を過ぎると、子育てもあらかた落ち着き、子どもにかかる費用が一段落するからです。これまでおおいにかかっていた教育費や食費などの出費が落ち着くため、その部分を調整することで、お金を貯めるのがほかの年代に比べて比較的楽になるのです。

そして、老後に困らないお金の使い方というものは、実はほんのちょっとしたことにすぎません。年金受給される前の50代以降の方に、私がよくお伝えしているのは、

「とにかく毎月1万円でも2万円でもいいから、収入から必ず余らせて貯蓄をしてください」

ということです。

たったそれだけ？　と思うかもしれませんが、それだけで全然違ってきます。**わずか1万円でも年間12万円、5年で60万円、月2万円貯金すれば年間24万円、5年で120万円です。そして、この120万円がのちの家計をおおいに助ける**のです。

この貯蓄は家計以外にも効果をもたらします。それは、家計のダウンサイジング（規模の縮小）、つまり必然的に支出の抑制に挑戦することになるからです。そのことにより、より現実的に年金生活を見据えられるようにもなるので

す。

もちろん、そのほかにも老後を生きやすくする方法はあります。そして、私のところにいらっしゃる50代以降の方の多くも、家計をちょっと見直すことで、徐々に、そして確実に落ち着いた生活を手に入れています。

老後に泣くか笑うかは、ほんのちょっとのさじ加減ひとつです。ですから、今からでも遅すぎることはありませんし、あきらめる必要もまったくありません。そのことをぜひ覚えておいてください。

■「貧乏老後」「安心老後」の意外な結末⁉

Case 1　真面目に貯金してきたのに、なぜか……！

■潤沢な資金もちょっとしたことでふいに……

Aさん（60歳）は、現役時代から老後を視野に入れて、コツコツと貯金してきました。家は40代で購入。無理をしない程度の金額に収めたので、繰り上げ返済と退職金の一部で、退職時には住宅ローンをすべて完済。これからは住宅費を気にすることはないし、貯めた貯金で老後も特に困ることなく暮らしていける予定でした。

ところが……！　なぜか予定が大きく狂うこととなってしまったのです。その理由は次のようなものでした。

その1：孫の養育費をねだられる（詳しくはP91）

「おじいちゃん、孫のお稽古代、出してくれない？」

「子どもの教育費を少し助けてくれない？　ほら、孫の教育資金は1500万円まで税金がかからないんでしょ？」「じいじ、服、買って～！」「年金あるんだから余裕でしょ？」などという言葉にほだされて、ついつい財布のひもはゆるくなり……。

その2：銀行、証券会社など、プロの顔をして忍び寄ってくる「誘惑」（詳しくはP82）

退職した途端に、口座のある銀行から連絡があり、銀行に行ってみると支店長さん自ら出てきて、丁重にもてなされました。そして、「退職金を増やしませんか？」「これ、お勧め商品です」などと投資の商品を勧められ、なんとなくその気に……。で、ついつい投資してしまい、結果はマイナスに。その損失を埋めるために、さらに投資を重ね、気づけば資金はどんどん目減りしていくばかり。

このようなことを続けた結果、老後のための資金として十分だと思われた貯金も頼りないものになってしまいました。

Case 2 貯金はしていなかったけれど、一念発起で老後安泰！

車

働く

■リタイア後のやりくりで、老後の資金を調達！

Bさん（60歳）は、現役時代、特に意識して貯金をしてきませんでした。定年退職後は当然収入が下がりました。けれど、ちょっとしたことをやりくりしたことで、生活は豊かに変わっていったのです。

その1：保険を見直してみる（詳しくはP72）

払いすぎている保険はありませんか？　今、その保険商品は本当に必要ですか？　今確実に必要な保険商品を見直してみました。

その2：お金になることをちょこちょこやってみる（詳しくはP176）

これまで楽しみに対してお金を払ってきたものを、今度は楽しみながらお金ももらえるようにシフトすることにしました。これまで専業主婦だった奥さんもちょっと働くようになるなど、ふたりでお金になることをちょこちょことやってみることにしました。

その3：車を思いきってやめてみる

なんとなく所有していた車ですが、たいして乗らないことに気づいたので、思い切って処分しました。家のスペースも広くなり、意外と快適。どうしても必要な時にはレンタカーを利用することで十分事足りることに気づきました。

その4：食費を見直す（詳しくはP144）

これまでは「もう歳だし、『量』より『質』よね」とばかりに、高いものばかり買っていましたが、それも「ハレの日」に限定することに。

「貧乏老後」に泣く人、「安心老後」で笑う人

目次

1章 安心老後と貧乏老後、その分かれ道とは?

2章　意外と多い？　老後の「こんなはずじゃなかった！」

3章　50代からのお金の貯め方、使い方

4章　老後に困らない「お金」の知恵

5章 いい「最期」を迎えるために

6章 忘れてはいけない「相続」の話

1章

安心老後と貧乏老後、その分かれ道とは？

年金、いつからもらう？どうもらう？

老後のお金の心配をすることなく、夢の年金生活を送れたのは、残念ながら今は昔のこと。定年後の暮らしの支えとなるはずの公的年金も、かつては60歳からもらえたものですが、今は原則として65歳にならないと支給が開始されません（現在はその経過措置として、生年月日や性別によって支給時期が異なります〈次ページ参照〉）。しかも、今後は68歳、70歳……とどんどん年金支給が後になっていくこともおおいに考えられます。

ところで、現状では年金受給年齢は基本的に65歳からですが、これを変えることができるのをご存じですか。**60歳前半から受給を開始する「繰り上げ」**と**65歳以降に遅らせる「繰り下げ」**です。

しかし、これらを利用する場合、支給額が変わってきます。

◎年金はいつからもらえる？

誕生日	受給できる年齢					
	60歳	61歳	62歳	63歳	64歳	65歳～
(男)16年4月1日以前					報酬比例部分	老齢厚生年金
(女)21年4月1日以前					定額部分	老齢基礎年金
(男)16年4月2日～18年4月1日					報酬比例部分	老齢厚生年金
(女)21年4月2日～23年4月1日					定額部分	老齢基礎年金
(男)18年4月2日～20年4月1日					報酬比例部分	老齢厚生年金
(女)23年4月2日～25年4月1日					定額部分	老齢基礎年金
(男)20年4月2日～22年4月1日					報酬比例部分	老齢厚生年金
(女)25年4月2日～27年4月1日					定額部分	老齢基礎年金
(男)22年4月2日～24年4月1日					報酬比例部分	老齢厚生年金
(女)27年4月2日～29年4月1日					定額部分	老齢基礎年金
(男)24年4月2日～28年4月1日					報酬比例部分	老齢厚生年金
(女)29年4月2日～33年4月1日						老齢基礎年金
(男)28年4月2日～30年4月1日					報酬比例部分	老齢厚生年金
(女)33年4月2日～35年4月1日						老齢基礎年金
(男)30年4月2日～32年4月1日					報酬比例部分	老齢厚生年金
(女)35年4月2日～37年4月1日						老齢基礎年金
(男)32年4月2日～34年4月1日					報酬比例部分	老齢厚生年金
(女)37年4月2日～39年4月1日						老齢基礎年金
(男)34年4月2日～36年4月1日					報酬比例部分	老齢厚生年金
(女)39年4月2日～41年4月1日						老齢基礎年金
(男)36年4月2日～						老齢厚生年金
(女)41年4月2日～						老齢基礎年金

60歳前半に繰り上げた場合、**支給開始を1カ月早めるごとに年金額が0・5%減ります。**

たとえば、65歳で年間78万6500円の年金がもらえる方の場合、受給を60歳からにすると、年金額は年間55万6000円になる計算です。早く確実に年金をもらいたい、という場合には繰り上げを利用するのもいいでしょう。ただし、減額されたままの年金額が一生涯づづくので、損をしてしまうことにもなりえます。夫婦で年金受給に該当する場合には、どちらか一方が繰り上げを利用することも可能です。

一方、65歳以降に受給を繰り下げた場合、**支給開始を1カ月遅らせるごとに年金額が0・7%増えていきます。**

たとえば、65歳で年間78万6500円の年金がもらえる方の場合、受給を70歳からにすると、年金額は年間111万6800円となります。これは、**年利8%にもなる計算**です。いまどき、年利8%の金融商品はなかなかありませんから、健康状態や経済状態と照らし合わせて問題がなければ、繰り下げを利用するのも手でしょう。

◎繰り上げと繰り下げ、どちらがお得？

繰り上げ受給

1カ月繰り上げるごとに年金が

－0.5％（年6.0％）

↓

繰り上げた年齢よりも

16年8カ月以上長生きすると　損

繰り下げ受給

1カ月繰り下げるごとに年金が

＋0.7％（年8.4％）

↓

繰り下げた年齢よりも

11年11カ月以上長生きすると　得

年金は、ずばりいくら？

ところで、年金はどのくらいもらえるものなのでしょうか。職域や働き方によって年金制度が大きく異なってくるので、その違いを理解した上で、現役時代を過ごす必要があるでしょう。たとえば、**個人経営の事業主や開業医、弁護士などの自営業者は、厚生年金はなく、家にたとえるといわゆる「一階建て部分」しかないことになります。**

では、実際どれくらい違うのでしょう。

平成25年度の「厚生年金保険・国民年金事業の概況」をみると、二階建て部分のある厚生年金受給者の平均年金額（月額）は14万5596円。対して国民年金のみの受給者の年金額（月額）は4万9869円。月に10万円もの差ができます。

◎もらえる年金は？

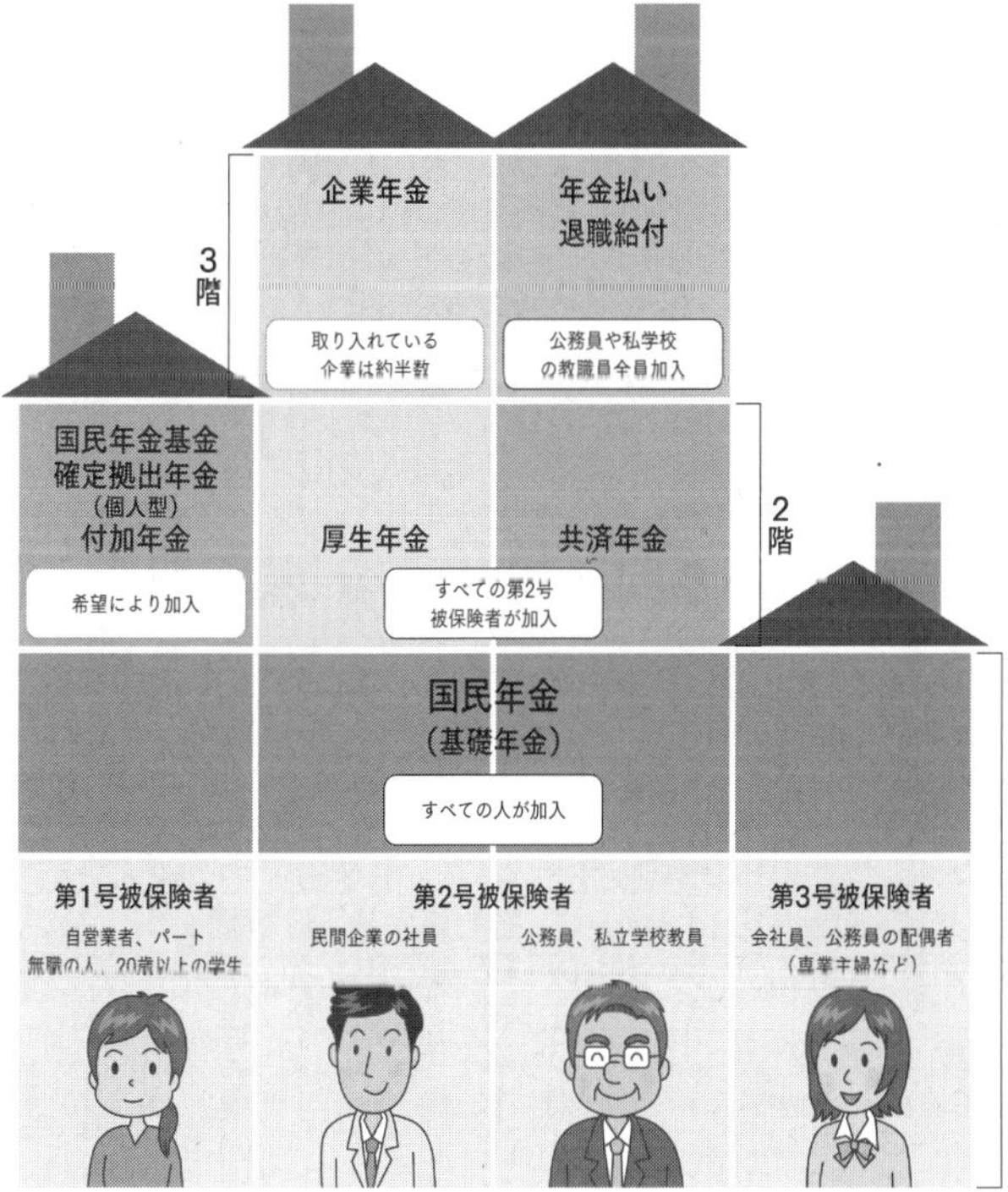
3階
企業年金
取り入れている企業は約半数
年金払い退職給付
公務員や私学校の教職員全員加入
2階
国民年金基金
確定拠出年金（個人型）
付加年金
希望により加入
厚生年金
共済年金
すべての第2号被保険者が加入
1階
国民年金（基礎年金）
すべての人が加入
第1号被保険者
自営業者、パート
無職の人、20歳以上の学生
第2号被保険者
民間企業の社員
公務員、私立学校教員
第3号被保険者
会社員、公務員の配偶者
（専業主婦など）

では、夫婦の働き方による年金額の違いを見てみましょう。老齢年金受給者実態調査（厚生労働者・平成23年）を見ると、**もっとも受給額が多い働き方は、夫婦ともに正社員の場合で、年間360・5万円**。

一方、**もっとも少ないのは、夫がアルバイトで妻が自営業の場合。年間で132・7万円**です。3倍近くの開きがあることがわかります。

ご夫婦ともに正社員で働いている方は「おお、意外にもらえるのかも！」と喜ばれたかもしれません。確かに頼もしいと思います。年金だけで、先ほどの数値をベースに65歳から30年間受給した場合、**受給総額は1億815万円**にもなるのです。ちなみに、もっとも少ない形での65歳からの30年間での受給総額は、3981万円となります。

だからといって、自営業の人も悲観しているだけではいけません。

では、どうすればいいでしょう？　結論から言うと「働くこと」と「投資（資産運用）」ではないかと思います。

自営業者の人の大きな強みに、**「定年がないこと」**がまず挙げられます。ですから、**働けるだけ働く**のです。年金が65歳からもらえますが、年金支給後も働くのです。

それからもう一点の投資も、望み通りの老後を描くためには重要な要素です。投資といっても、単に短期的に儲けた損したというギャンブルに近いレベルの投資ではなく、家計管理のなかにある、**「貯蓄」の延長線上としての投資**です。投資というよりは「資産運用」といったほうが適切かもしれませんね。

具体的には**自分で年金を準備する**のです。一般的に、企業に勤めていると企業年金などのいわゆる三階部分が準備されることが多いですが、それを自分で行います。**個人版の確定拠出年金や国民年金基金、小規模企業共済**などを利用するといいでしょう。

これらを利用した場合には、**掛け金全額が所得控除となり、所得税や翌年の住民税が安くなります**。また、受取時には公的年金等控除や退職所得控除が受けられます。

元気で働き、資産を形成していけば、ご夫婦ともに正社員の家庭にも負けないほどの額を得ることになるでしょう。

企業年金——一括と分割、どっちがお得？

民間の企業に勤めている場合には国民年金以外に**「企業年金」**、公務員や私学の教職員の場合には**「年金払い退職給付」**を利用することで、さらに年金を補強できます。

後者は全員が加入していますが、**企業年金を取り入れている企業は約半数程度**と言われています。もし、勤めている企業に企業年金制度がない場合には、個人型確定拠出年金等を利用するといいでしょう。

民間の企業に勤めていると受給できる「企業年金」ですが、それにはいろいろな種類があります。**確定給付企業年金（規約型・基金型）**、**確定拠出年金**、**厚生年金基金**、**中小企業退職金共済制度**、**特定退職金共済制度**、**自社年金**などです。これらは、公的年金と合わせて受けることができます。

企業年金の受け取り方は「一時金」と「年金」の2通りあります。

「一時金」はまとまったお金を一括して受け取るもので、退職所得控除が受けられます。控除額は勤続年数により異なります。勤続20年以下の場合には、**「40万円×勤続年数」**、勤続20年以上なら**「800万円+70万円×（勤続年数−20）」**となります。

たとえば、勤続年数38年の人の場合には、

800万円+70万円×（38−20）＝2060万

支払われる退職一時金から2060万円が控除されます。控除を受ける場合には、勤務先に「退職所得の受給に関する申告書」を提出します。

一方、**「年金」は公的年金と合わせて受けるもので、公的年金と企業年金からの収入を合わせて課税額を計算する仕組み**になります。

企業によって予定利率が異なり、高い金利が設定されている場合には、トータルの支払い金額が一括でもらう場合よりも多いです。

一方でデメリットもあります。年金として受け取った場合、「公的年金等控

除」の対象にはなりますが、「退職所得控除」ほど有利ではありません。それから、毎年の所得が高くなるため、国民健康保険や介護保険料、所得税などの負担額が大きくなります。

企業年金は、「一時金」がよいか「年金」がよいかを選択できる場合が多いです。企業にもよりますが、どちらか一方を選ぶだけでなく、たとえば**「一時金30％、年金70％」**など、好きな割合の組み合わせで設定することも可能です。

では、**一括と年金、どちらがよりお得なのでしょうか？**

これは悩むところですね。自分で計画的に管理したり、うまく運用したりすることができれば一時金でまとまったお金を手にすることもひとつの手でしょう。

けれど、先に挙げた例のように、一度に大金を手に入れたばかりについ散財してしまい……というリスクがあることもまた事実です。**「自分はきちんと計画的に使うぞ」という確固たる自信がない限りは「年金」を選択したほうが堅実**だと私は思います。

また、この2つのほかに**「終身年金」**という選択肢がある場合もあります。これを選んだ際は、支払いの期限がなく**生きているうちはずっと企業年金からお金が支給されます**。一時金でもらう金額以上に長生きすれば、終身年金のほうが有利です。

平均寿命が年々延びていますので、検討の価値はあるかもしれません。

退職金でクルーズに、高級外車に……

「退職金」というと、「これまで何十年も勤めあげてきたごほうびのお金」ととらえる方も多いのではないでしょうか。たしかに何十年も会社で勤めあげてきたからこそもらえるお金ですから、自分に「よくやった！」とねぎらいの言葉のひとつもかけてあげたくなりますよね。また、一度にこれほどの金額のお金をもらうという機会はそうそうありませんから、「ちょっとくらいいいものを買ったっていいよね」「少しは自分や家族をねぎらってパーッと使ってもバチは当たらないはず」と、つい財布のひもも緩みがちです。

実際に、「数十年間のお疲れ様会」と称して、**ご夫婦で「豪華クルージング」で世界一周**に行かれた方もいらっしゃいます。また、**「最後に自分の好きな車を！」と言って、数百万円はくだらない高級外車**を買われた人もいました。世界一周クルージングにかかる費用は、ひとり120万から130万円ほど。2人で260万円です。それにお小遣いや食事代などを加えると、300万円以上の出費になります。

しかも、それだけでは終わりません。**一度華やかな生活を味わってしまうと、その後もなかなか「緊縮財政」を取るわけにはいかない**のが人の常というもの。一度緩んだ財布のひもを締めるのはけっこう大変なものです。そしてそのままずるずると浪費を続け、気づけば財布の中身が軽くなっていた……ということにも十分なり得るのです。

けれど、冷静になって考えてみると、退職金は決して「特別」なものではありません。そのお金は、その後あなたが暮らしていくための大切な大切な「生活費」でもあるのです。

今は昔のように、年金だけで生活していかれる時代ではありません。**定年後は「貯蓄を切り崩しながら生活していく時代」**だととらえてください。

退職金って、どのくらい出るものなの？

ところで、退職金はどのくらい出るものなのでしょう？

厚生労働省による就労条件総合調査の平成25年退職給付の支給実態によれば、ひとりあたりの定年退職金の平均額は**大学卒の方で1941万円、高校卒（管理・事務・技術職）の方で1673万円、高校卒（現業職）で1128万円**と言われています。勤続35年以上の定年退職者の場合は、それぞれ2156万円、1965万円、1484万円。

では、それを毎年どのくらいずつ使えるのでしょう。

たとえば、60歳で退職金としてもらったお金が2000万円とします。人の寿命はそれぞれなので一概にはいえませんが、仮に男性の平均寿命である80歳まで生きるとしましょう。

この退職金を毎年均等に使うとすると、いくらになるでしょう。

2000万÷20＝100万
100万円です。

つまり、2000万円の退職金を定年してからの生活費として考えると、年間100万円になるのです。

では、さらにそれを月々の金額にしてみると、どうでしょう？

100万÷12＝83333．333333
8万3333円です。

「2000万円もらえる！」と聞くと、すごい大金が手に入るかのように感じるかもしれませんが、月々に直してみるとどうでしょう？　これでは、パーッと使うどころの話ではありませんよね。それどころか、毎月暮らしていけるかもわからない状態になるでしょう。

しかも、これはあくまで80歳まで生きると仮定した場合の話です。もっと長

◎退職金の平均額はいくら？（制度の形態別）

（単位：万円）　（勤続20年以上かつ45歳以上の定年退職者の場合）

勤続年数	大学卒（管理・事務・技術職）			高校卒（管理・事務・技術職）			高校卒（現業職）		
	退職一時金制度のみ	退職年金制度のみ	両制度併用	退職一時金制度のみ	退職年金制度のみ	両制度併用	退職一時金制度のみ	退職年金制度のみ	両制度併用
計	1,369	1,923	2,367	1,091	1,611	2,158	870	1,131	1,600
20～24年	661	925	991	432	434	931	312	478	738
25～29年	756	1,181	1,551	515	819	1,100	553	677	739
30～34年	1,457	1,691	2,180	725	1,221	1,275	689	987	1,143
35年以上	1,567	2,110	2,562	1,470	1,822	2,272	1,184	1,541	1,872

生きすることも十分考えられますから、20年間に退職金をすべて使い切ってしまうのはちょっと怖い気もします。

また、退職給付制度がある企業は75・5%ですから、**退職金が出ない、という企業は全体の約15%はあります。自営業の方も退職金はない**でしょう。

そのように考えると、退職金は決して「特別なお金」「ごほうび」ではありません。退職金は、あくまでも「老後の蓄え」として残しておくべきお金です。

そのことをどうか忘れないでください。

もらうべき退職金を「運用」する

最近は、自分がもらうべき退職金を事前に運用する、という制度もあります。**「確定拠出年金（DC）」**と呼ばれるものです。

これは、自分で年金をつくるツールの一種です。在職中に、毎月掛け金を積み立てて投資信託などで運用し、60歳以降に年金として受け取る、という仕組みです。受け取る年金の額は、運用の仕方次第で変わってきます。

確定拠出年金には、**「企業型」**と**「個人型」**があります。

企業型は**企業が掛け金を払い、従業員が運用**します。ソニーなど一部の企業では、確定拠出年金に関する社内教育が行われています。

個人型は**自営業や一部のサラリーマンが個人で掛け金を払い、自身で運用**します。この個人型は現在、自営業者のほか会社員の約6割にあたる方が使えますが、２０１７年からは対象者が拡大する予定です。改正法案が成立すれば、専業主婦や公務員、勤め先に企業年金のある会社員も対象になるでしょう。

この確定拠出年金の魅力は、**運用して老後の資産を形成するものでありながら、掛け金の全額が所得控除の対象になるため、所得税、住民税が安くなる**ところです。積み立てて運用している間は、運用による利益にも税金がかかりません。また、年金で受け取る際も、公的年金控除等により税負担が抑えられます。このように税制面でかなり優遇されている制度です。そして、転職等により職場が変わっても、資産を持ち運びすることができます。

このように、メリットの多い確定拠出年金ですが、デメリットもあります。一番大きなものとしては、**自分で運用するため、年金額は自己責任**になることです。運用がうまくいったかどうかによって、**最終的な金額が変わってくる**、というわけです。もし運用が不調に終わった場合、年金額が減ってしまうこともあります。それから、60歳まで解約できないので、60歳になる前にまとまったお金が必要になった、という場合にも対応できません。また、口座の開設時と口座維持に事務手数料がかかります。

そのほか、職場が変わってもそのまま資金を移すことができますが、厚生年金基金などの企業年金のある会社に転職した場合には、その資格を失ってしまいますので、転職前には忘れずに確認してください。

知りたいけど聞けない、隣の家の貯蓄額

ところで、ほかの同年代の方々は、いったいどのくらい貯蓄をしているものなのでしょう。隣のお宅の貯蓄事情などは、お互いに話し合う機会もないのでなかなか知ることもないのではないでしょうか。

統務省統計局の「平成26年家計調査報告」によれば、**世帯主が60歳以上の世帯の2014年の平均貯蓄金額は2467万円**と言われています。40歳未満の世帯の平均貯蓄額が562万円ですから、40歳以降の20年間に2000万円近くを貯めているようです。

純貯蓄額（現在の貯蓄高から現在の負債高を引いたもの）を見ると、40歳までは負債高のほうが多く、50歳以降になると貯蓄高のほうが多いことから、多くの方が50歳までに住宅ローン等を返済していると言えます。

ただし、これはあくまでも「平均」。貯蓄が多い方がいらっしゃるとその分平均額も高くなりますから、実際とは少々異なるでしょう。

私の感覚で言えば、**定年時にお持ちの流動資産や現金の平均額は1000万円弱**といったところではないでしょうか。自分の上の世代の人たちが資産家で、相続によってお金がたくさん入ってきたという方もたまにはいらっしゃるでしょうが、一般的には**退職金を足しても老後の資金として3000万円に届くかどうか**、という方が多いように思います。

あなたはどうですか？「うちはこんなに蓄えがないわ」という方も肩を落とさないでください。今日からでも遅くはありません。逆に「うちはこれよりも貯蓄があるわ」という方も油断はしないでください。お金を貯めるのは、たいていの場合時間がかかりますが、使うのは一瞬にしていくらでもなくなるからです。私のところにお見えになる方の中にも「貯金はしっかりしていると思っていたのに……。こんなはずではなかった！」とおっしゃる方がけっこういらっしゃいます。お金はちょっとした工夫で貯まりますが、逆に気を抜くと、あっという間に消えてなくなるものでもあります。

ただ、「老後には最低3000万円必要だ」という声はありますから、そのくらいの金額は持っていて決して損がないのはたしかです。

あなたをつけねらう「リタイア貧乏」

「老後のお金が足りない！　生活ができない！」と焦る「リタイア貧乏」さんには、2つのパターンがあります。

ひとつは、リタイア後、**「退職金」という、今までのボーナスなどとはレベルの違う額の大金を手に入れ、つい気が大きくなって、老後に使いすぎてしまうパターン**。具体的には食費など「以前のように量は食べなくなったので、その分、質のいいものを食べよう」と考え、食費がかさんでしまう方も多いようです。

ある方は、「年に1回のことだし、せっかくだから……」と退職後の**お正月に20万円の超高級おせち料理をお取り寄せ**しました。

たしかに年1回のことではあります。けれど、「せっかくだから」にしては、ちょっと金額が張りすぎているのもまた事実です。

もらった退職金はいつまでも潤沢にあるわけではありません。

当たり前のことですが、お金は使えば減ります。

そして、退職金は一度にまとめて支給されますから見た目の金額は多いかもしれませんが、先にも書いた通り、「それを使って老後を暮らしてくださいよ」というお金です。ですから、最初にパーッと使ってしまうとあとが恐ろしいことになってしまいます。

「リタイア貧乏」になってしまう理由のふたつめは、リタイア後は現役時代に比べて当然**収入は減っているにもかかわらず、リタイア前の生活スタイルを変えられない、というパターン**です。リタイア後も現役時代と同じお金の使い方をしてしまう。これまでと同じように外食をしたり、食費にお金をかけたり、ゴルフに出かけたり買い物をしたり……。一度広げた大風呂敷をたたむことができず、毎月赤字がかさんで、老後も貯蓄を切り崩していかざるを得ない、というわけです。

収入が減ったのであれば、その分支出も減らしていかなければ、家計は破た

んしてしまいます。

家計は収入と支出のバランスを取ることが一番大事。

「リタイア貧乏」にならないためにも、自分が使えるお金についてもう一度見直すことが大切です。

老後のお金の正しい貯め方

「老後のお金をどう貯めるか？」について考える際、2通りの考え方があります。

ひとつは**「未来」を見据えて、そこから逆算して「月いくら貯めればいいか？」を算出する考え方。**

たとえば、「60歳にはあと○○年ある。60歳の時点であと○○○万円は必要だから、それを今から貯めるためには、毎月いくら貯金して……」と必要額を計算し計画して蓄えるやり方です。

もうひとつは、**「今」を見直し、そこからスタートして貯金を積み立てていく考え方。**老後に必要なお金の計算をするよりも前に、まず「今」「現状」の金銭事情をしっかり把握することからはじめます。そして、もし今、「収入よりも支出のほうが多い」「毎月トントン、もしくは赤字」など、すでに収入と支出のバランスが崩れている場合には、ただちに正していく。こうやって、「今」の家計を黒字の状態にし、毎月プラス分のお金を貯めていくのです。これを繰り返し、老後まで貯め続ける習慣をつけるやり方です。

比較して見ると、一見、前者のほうが毎月の貯金額も定まり、目標もあるのでしっかり貯められそうな気がするかもしれません。

けれど、人間、予定通りにはいかないのが常です。そもそも、いくつまで生きるかもわかりません。「あなたは何歳まで生きて、将来こういう人生を送ります」という、人生のシナリオが事前にわかっていれば、それに合わせてお金を用意していけばいいのでしょうが、残念ながらそういうわけにもいきません。80歳まで生きる人もいれば、100歳を超えて長生きする人もいらっしゃる。また、死ぬまで元気で医者いらず、という場合もあれば、大病を患《わずら》って入院して……という可能性もあるわけです。

そう考えると、「未来」から逆算してお金を貯めるという方法は、不確定要素が多いように思います。

◎「今」を変えると「未来」が変わる！

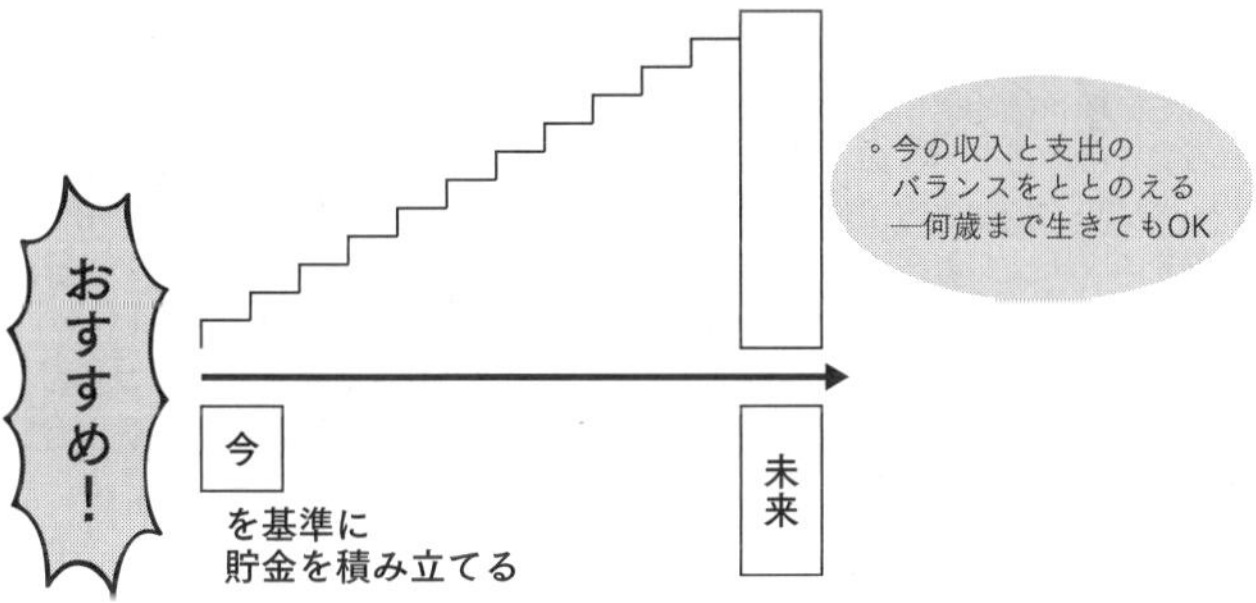

「今、どのくらい使っている？」「毎月支出はいくらに？」
「毎月いくら残せばいい？」

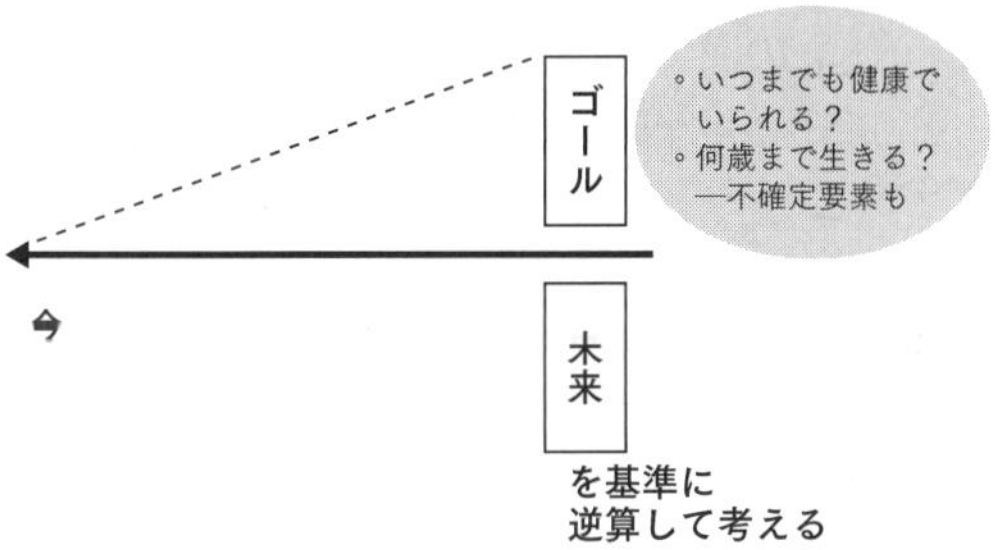

「60歳までにはあと○年」「○○○万円貯めるには
毎月○○万円貯金する」

一方、後者のほうはとにかく「今」を見据えることに重点を置いています。**今の収支がどうなっているのかを見直したうえで、もし「マイナス」であれば、それを「プラス」にすることからはじめます。**その「プラス」を毎月毎月積み上げていくのです。プラスの幅が少なければ、少しずつ大きくしていく。額を積み上げていくところからスタートしていくと、最初はちょっとした差、ほんの少しの貯蓄額かもしれませんが、何年、何十年……と時間が経《た》つにつれて、「チリも積もれば山となる」ということわざのごとく、貯蓄額が大きく増していくのです。

そして、私がお勧めしているのは後者です。というのも、「今」を正すのであれば、将来、たとえどんな人生が待ち受けていようが、さほど関係はないからです。今、この時点で「未来」を変えることは、タイムマシンでもない限り難しいことですが、「今」を変えていくことは決して不可能ではありません。そして、**多くの「お金を貯めている人」がやっている方法もまた、「今」を考えるやり方**です。

今を変えると未来が変わってくる、というわけです。

お金を貯めるには、まず「今、どのくらい使っているのか？」「どのくらいの収入が見込めるか？」を知ることが先決です。そのうえで、「貯めたいのなら、毎月どのくらいの支出に抑えればいいか」「毎月いくら残しておくようにすればいいか」を見定めていきましょう。

それこそが、一番確実に「貯める」方法です。

50代、実は「貯め期」!?

人生にはモテ期ならぬ「貯め期」が存在します。

それは3回訪れます。

1回目は結婚したあと、子どもがいなくて夫婦二馬力で働く時期（いわゆるDINKS）です。2回目は、子どもがまだ小学生などの小さなころ。そして、最後は子どもが独立してからの時期です。

最近は晩婚化、晩産化の傾向もあるので、一概には言えませんが、貯める方はやはりこれらの時期にしっかりと貯めているのも事実です。老後の暮らしがゆとりあるものになるかどうかは、この期間にどれだけ貯められるか？　にかかっている、と言っても過言ではありません。

50代では、仕事でもそれなりにいいポジションについていることもあります。収入が、人生の中で一番多くなる時期かもしれません。一方で支出は自然に減る時期でもあります。

たとえば、お子さんが社会人になっていれば、教育費はなくなりますし、自分で稼いできますから、与えるお小遣いもいらなくなるでしょう。逆に、「生活費」として家にいくらかお金を入れてくれる場合もあります。

また、お子さんが大学生という場合には、教育費は依然かかりますが、多くの場合は自分でなんらかのアルバイトをはじめるので、お小遣い、携帯電話やパソコンなどの通信費、洋服代などは自分でまかなうようになるでしょう。さらに、中学や高校の時に比べると食べる量も減るでしょうし、不在がちにもなるので家で食事を取る回数も減少するはずです。ですから必然的に食事にかかる費用も減るのではないでしょうか。

これらを考えると、**50代は最大で収入の3割ほどを貯蓄に回すことも不可能ではない**、と私は計算しています。支出が減った分を別のことに使ってしまわず、貯蓄に回すことができたら、かなりのスピードで貯まっていくことでしょう。

このように、実は50代であっても「貯蓄のラストスパート」の時期なのです。今からでも決して遅くはありません。お金の心配をあまりせずに老後を暮らすためにも、まずは**「家計をプラスに」**を心がけましょう。

詳しい貯蓄法は、のちほどご紹介したいと思います。

老後にもっとも必要な3つのこと

私は、老後には特に「3つのこと」が重要になってくる、と考えています。

それは、**「お金」「やりがい」「健康」**です。

生きていくためには、もちろん、なにはともあれ「お金」が必要です。けれど、はっきり言ってお金だけでは生きていけません。というか、いくらお金があったところで、ほかのふたつが欠けていたら、生きる意味を感じられないのではないでしょうか。たとえ、どんなにお金があっても、「やりたいことがない」というのではせっかく長生きしてもつまらないでしょう。また、やりたいことがあれこれあっても、健康を害していては、それらを思うように実行することができません。健康だからこそ、自分のやりたいことが実現できるのです。

このように、「やりがい」があってこそ、生きる意味がある。「健康」だからこそ、楽しく生きていける。

そしてお金とやりがいと健康、この3つがしっかりそろって、強く結びついた時にはじめて、「お金」のありがたみや価値が活きてくるのではないでしょうか。

それに、健康であれば病院に通う必要もありませんから、入院代や薬代をはじめとする医療費がかかりません。つまり、余計な費用がかからず、節約にもなります。さらに、元気に動けるならば、たとえ年齢を重ねていたとしても働くこともできます。つまり、年齢に関係なく収入を得ることが可能です。

自由になるお金が増えれば、それだけやりたいことにお金をつぎ込むこともできるのです。やりがいのためなら多少のお金も惜しみなく使っていいと思います。それが人生の「充実」を生み出すのですから。「長く生きていてよかった。まだまだ長生きして、もっともっとやりたいことをやっていこう!」と思えたならば、それこそ生きている意味が実感できますよね。

お金、やりがい、健康——これら3つが重なったところに「充実」が生まれ

◎人生に必要な3つの柱

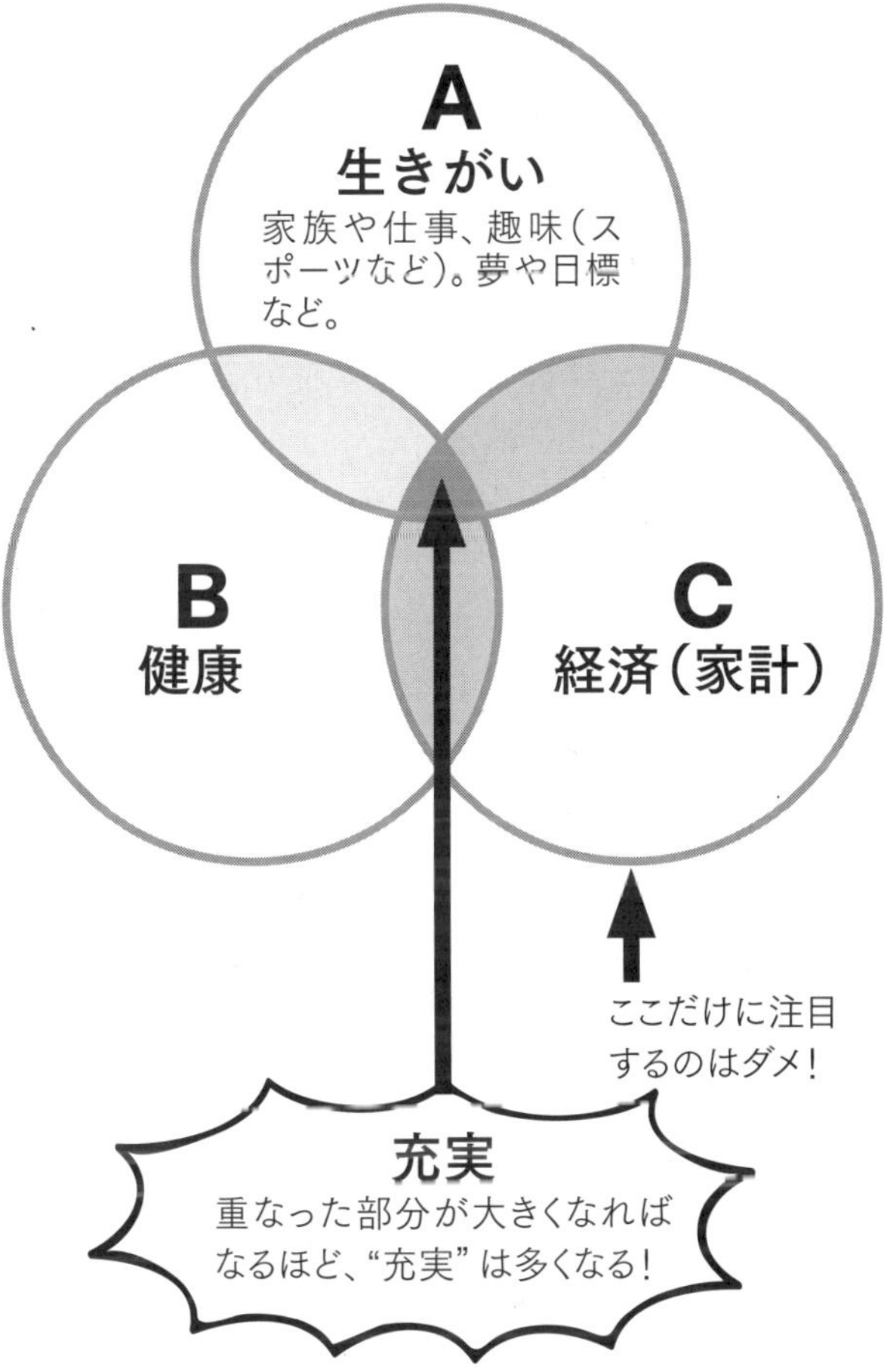
A
生きがい
家族や仕事、趣味(スポーツなど)。夢や目標など。
B
健康
C
経済(家計)
ここだけに注目するのはダメ!
充実
重なった部分が大きくなればなるほど、"充実"は多くなる!

てくるのです。
人生80年の時代、どうせなら充実した人生を送りたいとは思いませんか。そのためには、お金はもちろんのこと、やりがいと健康、この3つをどうか大事にしてください。

退職金で住宅ローンを完済するのはアリ？

退職金は「ごほうび」ではない、というお話を先ほどしましたが、では住宅ローンの返済にあてるという場合はどうでしょう。「別に遊ぶお金というわけでもないし、そもそも住宅ローンを組む際にも退職金での返済を予定に入れていたのだから大丈夫では？」そう考えるかもしれません。

実際に住宅ローンを組む際、不動産関係の業者さんは「退職金で返済すれば大丈夫ですよ！　十分返済できます」というような話をよくされるようです。それはまるで、「退職金をすべて住宅ローンの返済資金に回しても十分暮らしていける」ことをにおわすような口ぶりだったりします。そして、その話を聞いているうちに、買う側もつい不動産屋さんのマジックにかかってしまい、まるで**老後の生活資金は退職金とは別のどこかにすでに蓄えてあるかのような錯**

覚に陥《おちい》ってしまうのです。

実際、その言葉に乗って、「そうか！　それならば、自分にも買えるかもしれない。ここらでいっちょ、自分の城を買ってみるか！」と決意する方もいらっしゃるように思います。

けれど、何度もしつこく繰り返しますが、**「退職金」とは「生活費込み」のお金**です。ですから、退職金の大半をローンの返済にあててしまうと大変なことになってしまいます。

現役時代は毎月の返済もそれほど気にはならないかもしれませんが、退職後はそれが重くのしかかってくるでしょう。60歳で定年退職したあとで、たとえ再雇用や再就職をしたとしても、現役のころと比べて所得は確実に落ちるからです。住居費の負担は意外と大きくなってしまいます。

私のところにお見えになったSさんは、もともと退職金を当て込んで住宅ローンを組んで家を購入していました。ところが、いざ定年間近になって退職金の支給額をあらためて見たところ、住宅ローンを組んだ当初の予定金額よりもずいぶん少なくなっていたのです。「この額では予定通り定年までに返済できない！」と焦って私のところに相談にいらっしゃいました。

実際、**退職金はどの企業でも、入社当初に予想した額より少なくなっている場合がほとんどです。**厚生労働省の調べによれば、定年退職金ひとりあたりの平均額は平成20年には大学卒（管理・事務・技術職）で２２８０万円、高校卒（管理・事務・技術職）で１９７０万円、高校卒（現業職）で１４９３万円でしたが、平成25年にはそれぞれ１９４１万円、１６７３万円、１１２８万円と、３００万円から３５０万円ほど減少しています。ですから、今一度注意が必要です。

たとえば、40代前半に35年で完済するよう住宅ローンを組んだとします。そして、たいていは20年から25年後に得られるであろう退職金をあてにして予算取りをし、退職時に完済する予定を立てます。けれど、実際には予想していたよりも退職金の支給額が少ないため、**退職時にもらった退職金をすべてローンの返済にあててしまい、老後の生活費がなくなってしまう**、ということもよくある話です。

もしくは、繰り上げ返済に努めたけれど退職時に完済しきれず、退職後も住宅ローンを払い続けなければいけない、という方も数多くいらっしゃいます。そうなると、さらに事態は深刻になります。

たとえば、生活費が住宅ローンのほかに月20万円かかるとします。けれど、年金が月に15万円しか出ない場合、生活費だけでも月に5万円の赤字です。その分を退職金や、老後の資金として貯金してきたものを切り崩していかなければいけなくなるわけです。

そう考えると、退職金を住宅ローンの完済にあて込んではならないのです。

では、「退職金のうち、何割までなら住宅ローンにあてていいか?」ということになりますが、その割合は退職前までにいったいいくらの蓄えがあるか、によって異なります。ですから、ひとえに「何割まで」と明言することが残念ながらできません。

けれど、これだけは言えます。退職金は「ローン返済ありき」ではなく、「老後の生活ありき」です。まず、退職後の生活資金に必要な貯蓄を考え、余裕があるようであれば、その分をローン返済にあてるようにしましょう。

若い時とお金の貯め方・増やし方は変わってくる

実は、**40代までのお金の貯め方、増やし方と50代を過ぎてからのお金の貯め方、増やし方は異なります。**

40代までは、生活形態や収入が比較的流動的です。独身の時の暮らしとお金の出入り、それから結婚して奥さんとふたりで暮らす場合、そして子どもが産まれて家族が増えた場合……と、その時々に合わせて支出が増減するでしょう。一方、仕事では昇進してお給料が増える、ということもありますし、転職して年収がアップすることも考えられます。「今はお金がないけれど、これからお給料も上がるかもしれないし」といった不確定な要素があります。そのため、将来を見越した、多少リスクの高い投資を手掛けることもあるかもしれません。

けれど、50代以降になると、いい意味で**流動的な部分は「ほとんどない」**と言えるでしょう。自分の家族の人数も、ペットを飼うということ以外は、今以上に増えることもそうそうないでしょう。昇進もそろそろ先が見えてくるころだと思います。収入もたいていの方の場合、**人生の中でもっとも実入りが多い時期**を迎えていると思います。観覧車にたとえるなら、一番高い場所までのぼっている状態なのではないでしょうか。あとは地上に向かって少しずつ降りていく、という状況です。

ですから、**若いころのように「将来」を見越すことを理由にした、ハイリスクな「ギャンブル」的要素のある投資には手を出すべきではありません。**

また、利益が出ることを実感しにくいほど長期間かかるのも困りものです。つまりは、「ローリターン」ということです。**リターンを受け取るまで生きていられるという保証は、残念ながらない**からです。ですから、「リスク」と「リターン」のバランスは検討しておくべきでしょう。

そして、シニア層に近づくにつれて、現在の生活の収支をきちんと把握していないことには、リタイア後の生活ははっきりと見えてきません。よく「老後に必要なお金は……」などと言われますが、それは「未来」のお金。たしかに、未来を考えることは大切です。

けれど、それよりも前に、先にもお話ししたように、「今、いくら生活費にかかっているのか」といった「今」のお金を知ることが重要です。

「今」がわからなければ、いくら老後のお金を計算しようにもできるはずがない、と私は考えます。そういう意味でも、より「今」を見据える必要があるのです。

2章

意外と多い？
老後の「こんなはずじゃなかった！」

「保険貧乏」になっていませんか？

保険に入っていたほうが、万が一の時には安心だし、費用面でも楽なのはたしかです。が、その「いざ！」という時のために毎月いくら払っているかを確認したことはありますか？

これは、現役時代にそれなりに収入があった方が特に陥りやすいパターンです。

私のところにいらしていた「貯まらない」お客様の中にも、「保険貧乏」さんがいらっしゃいました。

Aさん（58歳）は、現役時代、保険会社から「この商品はいいですよ！」と勧められるままに保険に加入していたといいます。そして、気づけば**月々の保険料が10万円を超えていました。**しかも給与天引きにしていたので、月々自分がいくら保険料を払っているのかが、今ひとつ見えていない部分がありました。けれど、そこそこ稼いでいたので、「まあ、大丈夫だろう」という気持ちがあったのです。

その後、Ａさんは定年を前にして、早期退職し、再就職しました。退職金は割り増しになりましたが、以前に比べると収入は下がりました。にもかかわらず、**保険を見直すことなく、現役時代と同じように保険料を払い続けていた**のです。

そして、気がつけば保険料が支出の多くを占めるようになり、だんだんと生活が苦しくなってきてしまいました。やがて、最後には貯蓄を切り崩さないと保険料の支払いができない状態にまでなってしまいました。

Ａさんは「このままでは保険料も払えなくなってしまうし、生活もできなくなってしまう。どうしよう？」と焦って私のところにやってきました。

こうなってしまった原因として、自分が加入している保険について「よくわからない」「よく理解できていない」ということが挙げられます。そのため、面倒くさくなってしまい、退職後も保険内容について知ることを放置してしまったのです。現役時代には「保険は自分の身を守ってくれるはずのものだし、貯蓄性もあるから、まあいいか」と軽い気持ちで加入したのかもしれません。月々、ある程度の収入があれば、それほど負担に感じることもないでしょう。けれど、たいていの場合、老後は収入が落ちます。すると、収入に対する保険料の割合はそれにともなって高くなってくるのです。

保険はできれば、できるだけ早いうちに見直しておいてください。

私は通常でも**5年を目安に保険を見直すこと**をお勧めしています。というのも、5年経つうちに、よりよい保障内容の新しい保険が出てきたり、保障内容はほとんど同じだけれど月々の掛け金が安い「お得」な商品が登場したりすることが往々にしてあるからです。

また、人生の「ステージ」が変わるごとに、必要となる保障内容は変わってくるかと思います。たとえば、子どもが巣立つまでは生活費をねん出しなければなりませんが、子どもが巣立ったあとはその必要はなくなります。ですから、**死亡保険は葬式代が出せる程度にまで下げてもいい**のではないでしょうか。

保険は定年前にぜひとも見直すべき項目のひとつです。なぜなら、歳を重ねるにつれて保険料は高くなりますが、保険の見直しができなくなってきてしまうからです。

なぜなら、歳を取るにつれて高血圧や高血糖など、病気のリスクが高まります。すると、そこで**加入できる保険の保障内容の「質」が格段に落ちてしまう**のです。死亡した際にお金がおりる保険も、健康な状態で加入した方と比較すると、掛け金が同じでも支払われる金額は少なくなります。

保険の見直しは健康なうちに行っておく必要がありますから、ベストなのは40代です。けれど、すでに40代を過ぎてしまっているという方は、とにかくなるべく早いうちに保険の見直しをお勧めします。先にも言いましたが、退職前には一度見直しておいたほうがいいでしょう。

それから、大企業にお勤めの方の場合、グループ保険というようなものに加入されていることもあるかと思います。そのような場合には事前の確認が必要です。なぜなら、福利厚生として**在職中のみ保障されていて、退職するとその保障が切れてしまうこともある**からです。退職後にいざ別の保険に入りたいと思っても、なにか持病を持っていると加入できませんし、健康だったとしても年齢から保険料がかなり高くなってしまうこともよくあることです。これでは老後の大きな足かせになってしまいますよね。

ちなみに、先にお話ししたAさんですが、退職後に身体を壊されたため、「新しい保険に入る」という選択肢がなくなってしまいました。そこで、家計を見直すために、今加入している生命保険の保障内容を下げて月々の掛け金を減額する、という方法を取りました。もし健康でしたら、保険を見直して、ほかの保険に入ったほうが割安でよかったのですが、健康を害してしまっていたためにそれができなかったのです。そこで、ベストとは言えない方法でしたが、「減額」という形で節約をしてしのぐ方法を取りました。

ちなみに、私も糖尿病の持病があるため、どんなに魅力的な新しい保険の商品があっても残念ながら加入することができません。これははっきり言って悔やまれることのひとつです。「健康なうちに保険の見直しをしておけばよかったのにな」という、いい（悪い？）例ですね。というわけで、定年前と言わず、元気なうちに一度、保険の見直しをしましょう。

「保険」は「福袋」のようなもの⁉

今は保険をかけてさえおけば大丈夫！　というような時代ではありません。自分に必要な保険をきちんと見直して、払い過ぎを防ぎつつ、なにかあった時には確実に保険がおりるかどうかを確認しておく必要があります。

そういった意味では必ずしも保険に入っておく必要はありません。なにかあった場合には、これまで貯めてきた貯金を使うという手もあります。「医療保険はいらない」という意見を耳にすることもあります。健康保険に加入していると、高額療養費制度という制度が使えます。平成27年1月から、70歳未満の方は所得により自己負担限度額が細く分かれることになりましたが、年収約370～770万円の方で月の負担限度額は8万円強です。ですから、その分の貯金があればいい、という考え方もあるのです。**医療費に使えるお金が150**

〜200万円ほどある、という場合は医療保険に加入しなくてもいい、という判断もあるでしょう。

ただし、治療が長引いた場合、貯金がないと不安な部分もあるので、**貯金が少ないという方には医療保険にも加入する**ことをお勧めしています。

また、**自由診療で保険のきかないガンの治療などに備えて「ガン保険」に入っておく、**という選択肢もあります。

このように、どこまで保険でカバーするか、ということについて、老後に向けて一度考える必要があるでしょう。なんでもかんでも保険に入っていればいい、という考えは一度あらためましょう。**固定費のひとつとして、これまで当然のように保険料を払ってきたとしたら、「それって本当に必要？」と疑ってみることが大切**です。

たとえば、お子さんが誕生した時、ケガをした場合に保険金が出る共済などに加入する方がいらっしゃいます。たしかに、ケガでも支払われるという点では安心かもしれませんが、ケガのために月々1000円ほどの保険料を支払うこと自体、どうなのか？　ということをまず考えたほうがよいように思います。お子さんの場合、自治体で医療費の助成をしている場合がほとんどですから、それでどの程度カバーできるかも知る必要があります。

ケガの時にわざわざ保険を使う必要があるのか？　そもそもそんなに頻繁にケガをするかどうか？　ケガに備えて毎月保険料を支払う必要があるかどうか？　そんなところから検討してみましょう。

また、貯金が1000万円、2000万円あるにもかかわらず、葬式代が300万円ほど出る終身保険に加入し、毎月2、3万円も支払っている方がいらっしゃいます。けれど、それだけ貯金があるのなら、「なにかがあった時には手元の貯金を使う」ことに納得さえできれば、別に保険に入らなくてもいい、と私は思います。保険を本当に使うべきなのか、それとも保険料を毎月支払う代わりに自分のお金でまかなうのか、そのあたりをうまく線引きし、住み分けしたほうがよいと考えるのです。

昔加入した終身保険、いわゆる「お宝保険」と言われるような、貯蓄性が高く、予定利率も非常に高い保険は安易に解約してはいけませんが、それ以外の保険であれば、必要な保障が得られているのかという視点で見直しをするといいでしょう。

ちなみに、**保険は「セット」ではなく「バラ」で加入しましょう。**

それはなぜでしょう？　年始によく初売りなどとして売られている「福袋」にたとえて考えてみるとよくわかります。

福袋はたとえば「3万円相当の品が5000円！」などとうたわれていて、一見とても安くてお得で魅力的に見えます。けれど、実際に買ってみると自分に合わないサイズの服が入っていたり、好みではない柄やデザインの商品が含まれていたりします。

つまり、「お客さんが本当に欲しいもの」だけでなく、いわゆる「抱き合わせ販売」といって、お客さんはたいして欲しくないけれど、お店側が「売りたい」商品が混在しているものです。

そして、保険のセット商品もはっきり言って、それと同じようなものです。保険のセットの中には、**お客さんにとっていい商品だけでなく、保険会社にとっていい、つまり利益率が高い、保険会社が「売りたい」商品が入っている**からです。

それ以外にも理由はあります。

セットの場合、申込みは1回にまとめて行えば済むので楽かもしれませんが、たとえばひとつの商品を残してほかの商品を解約したい、と考えた際、セットで加入していると個別の解約ができないため、「すべて残す」か「すべて解約する」かの選択しかできないのです。

というわけで、保険は「バラ」で、ほしい商品だけを個別に選んで加入するようにしましょう。

銀行、証券会社……「プロ」の顔をしたお金の商人にご用心！

定年退職をして、時間が自由になると、突如「家計」に口をはさむようになるダンナ様がいます。急に「これからは俺が財布のひもを握る！」というようなことを言い出すのです。そして、「退職金も出たし、時間もあることだから、それをうまく運用して利殖しようじゃないか」と考えるのです。

ちょうど、退職時にはいろいろな人からの勧誘があります。銀行や証券会社から「お勧めの商品がありますよ」とすすめられて、つい手を出し、その結果退職金を目減りさせてしまい、奥さんに怒られたりすることもあるようです。

私のところにいらしたB氏（63歳）もそのひとりです。

元大学教授のB氏はこれまで家計をすべて奥様に任せきりでした。けれど、リタイアして、退職金も出たし自由に使える時間もできたので、これからは自分も積極的に家計の見直しをしよう、そして資金運用でもして老後のお金を増やそう！　と考えたわけです。

そのような折にちょうど銀行から、「いい投資用の商品がありますよ。ぜひ退職金を利用してはいかがでしょう？」と勧められ、**「プロが勧めるものだから間違いはないだろう」**とその投資商品に手を出したのです。けれど、それが残念ながらうまくいきませんでした。「しまった！　でも、これを挽回《ばんかい》すべく、さらにがんばろう！」と別の商品に手を出し、またもや失敗……。気づけば大事な老後の資金になるはずの退職金がどんどん減っていってしまい、焦って相談にいらっしゃいました。

退職金のように、今まで見たことのないような大きなお金がポン！　と手に入った時、「このお金を使って遊ぶぞ！」と意気込む方もいらっしゃるかもしれませんが、一方で「このお金を増やさなければ！」と一種責任感のような気持ちを持たれる人は意外と多くいらっしゃるようです。

けれど、実際にどの商品に手を出していいかわからない。そのような時に、銀行マンが現われて、「この商品がお勧めですよ」と紹介してくれる。で、**「銀**

行に勤める人はまさか適当なことは言わないだろう」「あの大手の証券会社の人が勧めてくれるのだから、確実な商品なのだろう」と、その言葉を鵜呑《うの》みにしてしまうのです。はたから見ていると、「その根拠はいったいどこにあるのだ？」と思うくらい、コロッとだまされてしまうものなのです。

そして、意外にも、**リタイア前に大企業にお勤めだった方やいわゆる「先生」と言われる職業に就いていた方がこの手の話にだまされやすい**というのも、また事実です。

よほどのことがない限り、手元に入ってこないようなまとまったお金が一度にやってきたため、ついつい気が大きくなってしまう、というところに原因のひとつはあるでしょう。

また、リタイア後は時間があるので、ネットや本、雑誌、テレビなどをいろいろと調べることができます。その中から「何かを知る」というようなことに楽しさを味わえるのかもしれません。そして、それらの作業をしているとこれまで仕事をしてきたのと同じような充実感が得られるとともに、「リタイアしたといっても、自分はまだできるのだ」という自信をどこかに覚えることができるのかもしれません。

たとえば、退職金として2000万円を手に入れたとします。けれど、車に500万円使って、住宅ローンの繰り上げ返済をして、というようなことを繰り返していったら、意外と簡単に使いきってしまえるものです。退職金は老後の大事な財産です。ですから、退職する数年くらい前から、ご夫婦でお金を共有し、老後に向けてどのようにお金を使っていこうか、という話をきちんとしておいたほうがよいでしょう。

現役時代でしたら、ダンナさんと奥さんで別々にお財布を持っていたとしても、お互いに働けばなんとかなるかもしれません。しかし、リタイア後はなかなかそういうわけにもいかなくなってくるでしょう。

ここでちょっと想像してみてください。たとえば、グループで雪山登山に泊りがけで行ったとします。背負って持って行ける荷物には限りがありますよね。グループの人たちで分担して、それぞれ荷物を持って行くでしょう。そして、山に着いたらその限られた食料や資源をいかに使うかをみんなで考えるのではないでしょうか。ひとりで勝手に食べ物や飲み物を飲んだら、それこそほかの人たちから非難を浴びることは間違いありません。なぜなら、それらは自分だけのものではなく、グループの人たちみんなのものだからです。

そして、「老後のお金」というのも、言ってみれば山に持って行った食料や資源と同じです。ふたりに与えられた限られた資源、この場合は「お金」ですが、それを夫婦で話し合いながら、どう使っていくかを考えていく必要があるのです。

ちなみに、先のB氏ですが、いったん握った財布のひもは元通り奥様に返したそうです。けれど、B氏も家計のやりくりに参加するようになり、ふたりで話し合い、情報共有するようになりました。おかげで夫婦間のコミュニケーションも増え、夫婦仲も良好になったといいます。これはとてもいいことですね。

女性はとかく目先の細かい部分は把握できるのですが、先の目標といった、長期的な部分のことはわからなくなりがちです。つまり、毎月の家計のやりくりにこだわりすぎるあまり、最終的な目標を見失ってしまうことがよくあるのです。

一方、**男性は細かいところには目がいかないのに、大きなところを目標にしてしまったりします。**

B氏の場合も、生活するのに月々これくらいかかる、年金が毎月どのくらい出るのか、といったことを知りませんでしたが、奥様と情報共有することで少しずつ理解できるようになりました。そして、退職金の使い方をあらためるとともに、保険料の見直しなども行い、家計は少しずつ安定していきました。

熟年離婚で老後の計画が大きく変わることも……

最近よく聞く「熟年離婚」ですが、このことによって老後のプランを大きく変えざるを得ない方もいらっしゃいます。

Dさん（60歳・男性）は定年時に退職金が1800万円出ました。「さあ、これからは悠々自適の生活を！」と思っていた矢先、奥様から突然離婚を切り出されました。予期せぬ出来事に、それはもうびっくりです！

結婚前のお金はそれぞれに帰属します。持ち家である一軒家は、奥様が400万円を支払ったため、その分を奥様にプラスして払うことになりました。すると、1800万円の半分である900万円に400万円をプラスした1300万円を奥様に支払うことになってしまったのです。手元に残った退職金は500万円。

子どももすでに自立しているので、自分の生活分だけでいい、とは言っても、老後のお金が500万円だけではさすがに不安です。

結局、Dさんは一軒家を売ってお金をつくり、さらには思い描いていた夢のセカンドライフはあきらめて、警備員などの仕事を続けながら粛々とした生活を送っています。

最近は、お子さんが成人するまで待ってから離婚、という方も意外と増えています。結婚や出産の年齢があがってきていることから、年齢を重ねてからの離婚が多いようです。

私のところにいらしたCさん（56歳・女性）は、まだ離婚にまでは至っていませんが、「離婚はしたい」と希望しています。けれど、今、離婚したら生活できないので、「この後どのくらい一緒にいたら、いくらくらいもらえるでしょう？」といったような、いわゆる「離婚のライフプラン」を立てていらっしゃいます。

会社を売却する場合も、資産が最大になった時をねらいますが、それと同じで、「いつ離婚すると、もっとも資産が懐に入ってくるのか？」をきちんと考えているわけです。一般的に、子どもの養育費がひと段落した時などが、離婚のひとつの「見極め」の時期のようです。

このように、**離婚によって当て込んでいた老後の資金がグンと目減りしてしまうことも可能性としてあり得る**ことなのです。

孫かわいさについつい財布のひもがゆるくなり……

孫のかわいさは子どものそれとはまた一味違うと言いますね。

2013年度の税制改正で、**孫などにひとりあたり1500万円までの教育資金を非課税で一括贈与できる**ようになりました。税金もかからないし、孫や子どもたちにも喜んでもらえるし……で、一石二鳥のお得な制度にも思えますが、ちょっと注意が必要です。

いったんこの制度を利用すると、取り消すことはできません。今はいいかもしれませんが、自分の財政が苦しくなった時に、「この前あげたお金、うちの財政が厳しくなってきたから返して」と言うわけにはいかないのです。

節税対策にもなるし、かわいい孫にいい顔ができる、と思って、孫に「教育資金」として贈与したのはいいものの、逆に自分のほうがお金が足りなくなってしまい、「ちょっとやりすぎた。失敗したなあ」と後悔している人は意外といるようです。ですから、贈与する前には、自分の生活資金などを十分に考えておくことが必要です。

「多少なりともお金はあるから、まあなんとかなるだろう」という軽率な判断は、のちのち逆に周囲の人に迷惑をかけることにもつながります。お金に相当余裕があるのならともかく、基本として、まずは自分の生活をしっかりとさせることが大切ではないでしょうか。その先に子どもや孫のことを考えるのです。

ちなみに、うちの母、子どもにとってのおばあちゃんは「私はお金が全然ないから」と言って、会ってもたまにおもちゃを買ってくれる程度のものです。そのくらいのほうが周りも気楽でいいように思います。

◎祖父母などから教育資金の一括贈与を受けた場合の贈与税の非課税制度について

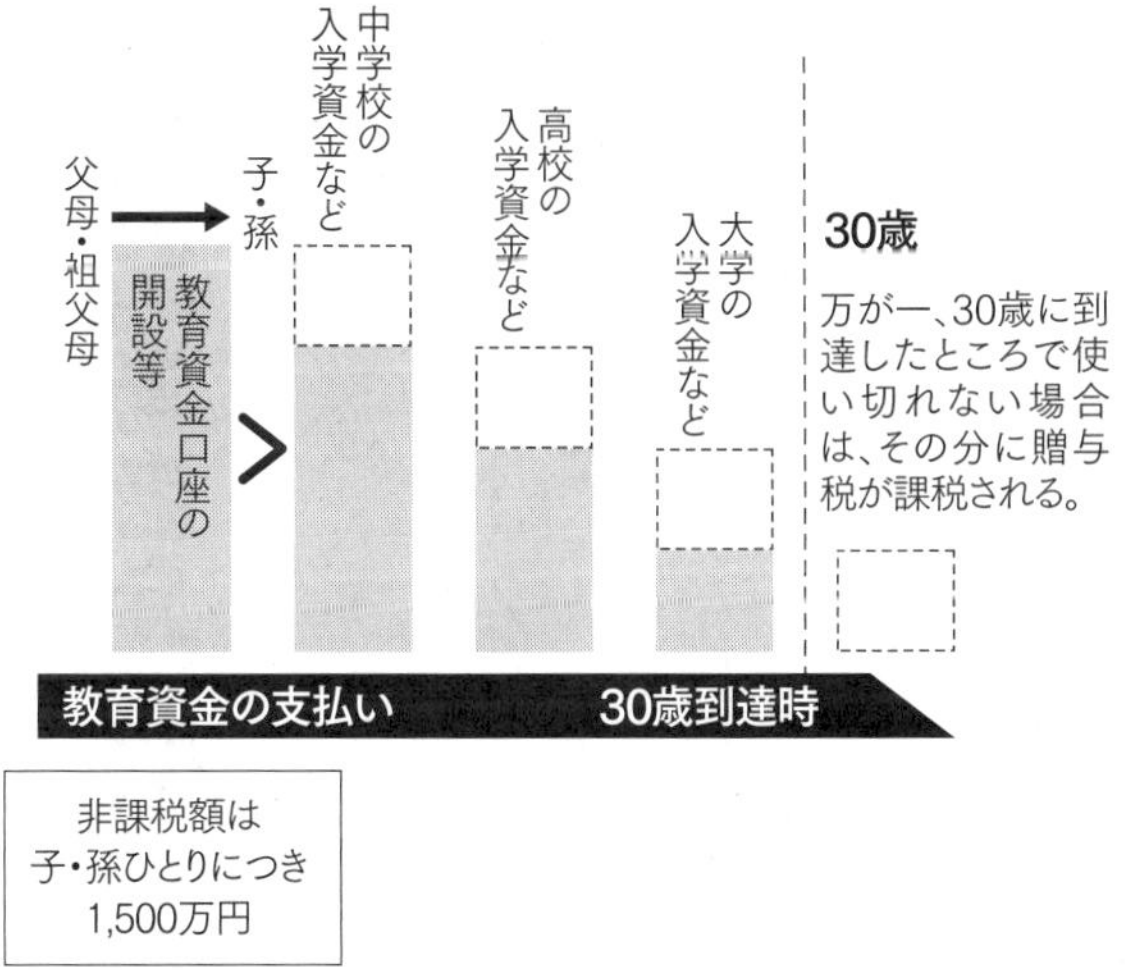

①非課税額は子や孫ひとりにつき1,500万円まで。

②塾や習い事などは最大500万円まで非課税。

③2019年3月31日までの贈与が対象。

④子や孫が30歳になるまでの教育資金が対象（例、学習塾、そろばん、水泳、野球、ピアノ、絵画、通学定期券代、留学の渡航費など）。

⑤教育資金に使用したことを証明する領収書の提出が必要。

予定外の「老老介護」にご用心

これまた長寿国日本ならではの問題とも言えますが、自分の老後に親の介護が必要になり、予定外の出費をせざるを得なくなった、という話をよく耳にします。いわゆる**「老老介護」**というものです。

私のところにいらしたEさんは67歳の女性です。ダンナ様と共働きでしたが、ダンナ様がリタイアされて、「さあ、これからは2人でゆったりとしたセカンドライフを楽しもう！」と思っていた矢先に、ある出来事に見舞われます。

90歳になるお義母さんはこれまで元気に一人暮らしをされていましたが、ある時、足を滑《すべ》らせて階段から落ちて骨折をし、入院する羽目になってしまったのです。そして、それが引き金になったのか、認知症が急速に進み、ついには寝たきりになってしまいました。

ダンナ様が長男ということもあって、お義母さんの面倒を見なければいけない。一度は老人ホームに入居させることも考えたのですが、入居費もけっこう高いため、Eさんご夫妻の家で面倒を見ましょう、という結論に達しました。そのために、家をバリアフリー仕様にリフォームし、お義母さんと3人での同居暮らしがはじまりました。

ところが、いざ一緒に暮らしてお義母さんのお世話をしはじめると、これが意外と大変なことがわかりました。これまで行ってきた通常の家事のほかに、お義母さんのお風呂やごはんの支度、トイレの補助や散歩のつき添いなど……。毎日続けるうちにEさんはだんだんと煮詰まってきてしまい、ストレスがたまることも多くなってきたのです。「このままでは自分自身がまいってしまう」と、ついにヘルパーさんを頼むことに決めました。

けれど、このヘルパー代がバカにならない金額で、それがやがて家計をひっ迫するようになったのです。

リタイアして時間ができたはずのダンナ様はというと、お義母さんのお世話はすべて奥さん任せ。Eさんが家の仕事や介護に追われてイライラしている様子を目にするのがイヤなのか、はたまた自分だけのんびりと家にいるように思われているのではないかと考えて、居心地悪くなってしまったのか、朝からふらふらとパチンコ屋など外へ出歩き、だんだんと家に居つかなくなってしまいました。

結局は、ヘルパー代を稼ぐ意味合いもあって、Eさんも働きに出るようになりました。思い描いていたゆったりセカンドライフはどこへやら？　予期せぬ介護に、Eさんご夫妻は生活面も金銭面も、そして精神面でもいっぱいいっぱいになってしまったのです。

ちなみに、**在宅で介護をする場合、かかる費用は平均で月4・4万円と言われています。年間で考えると52・8万円**かかります。

一方、**老人ホームなどの施設に入居すると、平均で月々15万～25万円**はかかると言われています。間を取って**月20万円と考えると、年間240万円**です。高いところでは月30万円以上するところもあります。そのほかに入居時預り金として、500万～7000万円ほど必要な場合もあります。

◎介護費用はどのくらい？

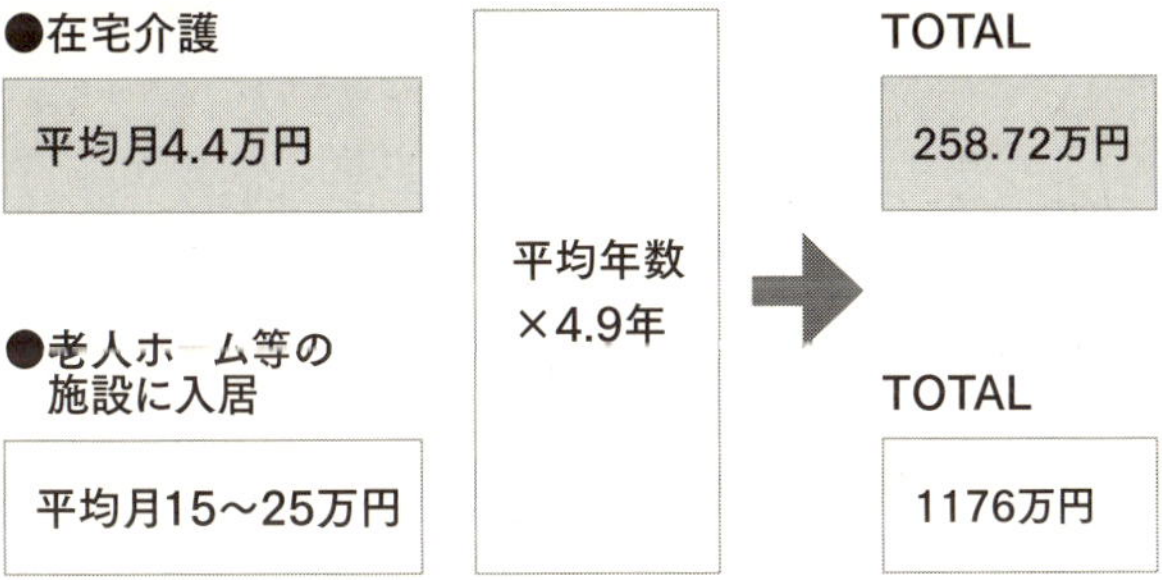

ちなみに、**介護の年数は平均で４・９年**と言われています。約5年とすると、**在宅介護の場合、平均でトータル２６４万円、老人ホーム等の施設に入居した場合、平均でトータル１２００万円はかかる計算**です。

もちろん、これはあくまでも平均の年数。変な話ですが、介護をはじめてから5年の時点ではこの金額ですが、人の寿命はわかりませんから、それ以上になることも十分考えられるわけです。親御さんご本人がこれだけかかることを見据えて貯金でも残してくれていれば問題ありません。けれど、親御さんご自身はお金がないというような状況でも、やはり面倒を見てあげたいと思うのが子の気持ちですよね。それだけの負担を覚悟しなければいけない、というわけです。

自分たちで介護する場合には、老人ホームに入居する場合に比べれば費用はかかりませんが、介護する方はそのために仕事を辞める必要も多くなります。当然収入ダウンになりますし、精神的にもかなり負担が増えるということも頭に入れておかなければいけません。

いずれの場合も、自分たちの退職金、もしくは老後のために貯めていたお金から介護費用をねん出する必要が出てきます。そのくらいの心構えはしておいて損はないでしょう。ある方は、住み込みの介護ヘルパーさんを雇っていましたが、親御さんが106歳まで長生きされたこともあって、毎月の介護費の支払いが厳しくなってきました。そして、最後には介護費をねん出するためにお住まいの土地を一部売却せざるを得なくなりました。

万が一、お父さんやお母さんが病に倒れて入院されたり、認知症などになったりした場合にどうするか、ということは兄弟がいらっしゃる場合には事前に話し合いをしておいたほうがいいでしょう。いわゆる「終活」ではありませんが、そういったことをオープンにして家族で話をする、ということも大切かも

◎高齢者施設の主な種類と特徴

施設名	食事	生活支援	介護	特徴
介護付き有料老人ホーム	○	○	○	介護スタッフが24時間常駐
住宅型有料老人ホーム	○	○	△	介護は別契約、居宅サービスの利用が可能
サービス付き高齢者向け住宅	×	△	△	安否確認、生活相談サービスあり。介護は別契約で居宅サービスの利用が可

しれません。

また、ご本人がまだお元気でいらっしゃるようでしたら、介護保険に加入しておいてもらう、というのもひとつの方法でしょう。介護保険は支払われる可能性が高いことから、保険料も医療保険などよりも高めに設定されています。けれど、加入しておいてもらうことで、万が一の際のリスク回避にはなるでしょう。

これからは、自分の老後だけではなく、「親」の老後のことも少し考えておいたほうがよい世の中になってきたようです。

ちなみに、先のEさんですが、その

◎介護保険の要介護認定区分の目安

介護予防サービスを利用	
要支援1	要支援2
身の回りのことはほとんどひとりでできるが、炊事、洗濯、電話の利用、金銭管理などの日常生活で介助（見守りや手助け）が必要	要支援1の状態よりも立ち上がりや歩行などの身体的動作能力が低下し、日常生活の一部で介助が必要

介護サービスを利用				
要介護1	要介護2	要介護3	要介護4	要介護5
部分的な介護を必要とする状態。立ち上がりなど基本的な日常生活動作や、身の回りのことの一部に介助が必要	歩行や立ち上がりに支えが必要。食事や排せつ、入浴、衣類の着脱などに一部または多くの介助が必要	立ち上がりなどがひとりではできず、歩行が自力でできないことも。食事や排せつ、入浴、衣類の着脱などに一部または多くの介助が必要	立ち上がりなどがほぼできず、自力歩行も不可能。日常生活のほぼ全般に介助が必要で、認識力・理解力などに衰え	ほぼ寝たきりで日常生活の全般にわたって全面的な解除が必要。認識力・理解力などに衰えが見られ、問題行動も

後、親戚や兄弟に、「一部援助してもらえませんか？」と、助けを求めたそうです。Eさんのダンナ様が長男だということもあり、「ひとりでなんとかしなければ」「頑張って親御さんの面倒を見なければいけない！」と抱え込み、気負いすぎていた部分があるようです。

けれど、ほかの人たちに救いを求め、気持ちを共有できたことでずいぶんほぐれたようです。そして、親戚みんなが「一丸となって面倒見ようよ」という雰囲気になってきたといいます。

一家庭の負担が減ったのも大きいですし、なにより「自分たちが面倒を見なければいけない」という気負いがなくなって、Eさんは精神的にもかなり楽になったようです。

「すねかじりの子ども」に財産を奪われる？

老後のお金を子どもに奪われる、というのも、実はよく聞く話です。

Fさん（64歳・女性）は年金暮らし。ダンナ様はある会社の会長職として今も現役で仕事をしていらっしゃいます。収入も平均よりもいいほうなので、本来ならば貯金もできるし、十分暮らしていける環境にあります。

ところが、２人いるお子さんに依然お金がかかり、貯金もままならない状態なのです。

長男は30歳。ＭＢＡ取得のためにアメリカ留学をしていましたが、先日帰国し、現在就職活動中だといいます。つまり、無職です。月々の定期的な収入もないので、食事代などの生活費はすべてFさんが払っています。

一方、長女は35歳。結婚して近所に住んでいますが、自分の子ども（Fさんの孫）を連れて、しょっちゅう実家にやってきます。一緒にお買い物に行くと、「孫の服を買って」とおねだりされ、夕食も「（娘さんの）夫の帰りが遅いから」と一緒に食べていく。半分入りびたり状態です。さらには、家の車を娘さんが乗り回し、なぜかガソリン代も負担しなければなりません。

このような生活を続けるうちに、**4年前には3000万円ほどあった貯金が、今や1000万円を切ってしまいました。**つまり、この4年間で2000万円以上も使ってしまったのです。

この例はやや極端かもしれませんが、**自分の老後のお金を切り崩しながら、子どもの年金の掛け金や保険料をを払ってあげたり、成人の子どもに生活費をあげたりしている、**という話は枚挙にいとまがありません。

親としては、子どもが困っているならいつでも助けてあげたい、という気持ちはたしかにあるでしょう。けれど、それは少なくとも成人するまでの話。何歳になってもそれを続けていると、子どもはいつまでたっても自立できないですよね。

Fさんの場合には、家計簿をつけてもらうと同時に、お子さんたちにお金の話をオープンにしてもらうことを提案しました。**実際に家計簿を見せながら、「毎月、こんなに支出があるの」「今、家にはこのくらいの財産しかないの」ということを、実際に数字で訴えるようにした**のです。

すると、お子さんたちはだんだんと親のお金に頼らずに、自分たちのことは自分でやるようになってきたといいます。どうやらお子さんたちは、「自分の親は裕福で、親のもとにはお金がたくさんあって、言えばいくらでも出てくる」と思っていたようなのです。

子どもがニートという場合以外にも、今回の例のように、子どもが留学から帰ってきてまだ職がないとか、芸術家やミュージシャンを目指していてなかなか定職につかない、といった例や、30歳過ぎても大学院に行っているなど、子どもが自立できるだけの生活費を稼いでいないため、代わりに親が養ってあげているというパターンがあります。

お子さんやお孫さんにいい顔をしたくなる気持ちはわかりますし、子どもを養い育てるのは親の務めかもしれません。けれど、それは成人を過ぎた子どもに対しては当てはまりません。

それよりもまずご自分のこれからの生活を第一に考えて、できない支援は「できない」とはっきり言うことが必要です。

早期退職で夢の田舎暮らし、のはずが……

「リタイアしたら田舎でゆったり暮らしたい」と希望する方は数多くいらっしゃいます。けれど、夢を膨《ふく》らませる前に、まずはきちんと現実を見てから決めたほうがよいでしょう。

Tさん（55歳・男性）は都内の大手企業に勤めていましたが、55歳の時に早期退職制度を利用してリタイアしました。**もらった退職金は割り増し分を含め2300万円**ほど。

Tさんは以前から「リタイアしたら、温泉が出る郊外の古民家に住み、自給自足の生活を送りたい」と考えていました。その「希望」について、奥さんにはなんとなく話をしてはいたのですが、実際にはきちんと相談する前に、ひとりで山梨に気に入った物件を見つけて、「これぞ、終《つい》の棲家《すみか》だ！」とばかりに契約してしまったのです。**金額にして1700万円**ほどです。奥さんは寝耳に水の出来事にびっくりです。けれど、Tさんにどんなにいい場所であるかなどを説得されて、しぶしぶ従うことにしました。

ところが、いざ引っ越して住んでみると、思い描いていた田舎暮らしとはまったく様子が違っていました。まず、**自給自足の生活がうまくいきません。**いくらがんばっても野菜が思うように育たないのです。そのため、食べることもままなりません。食べるための野菜が収穫できないから、やむを得ず車で遠くのスーパーマーケットまで買い出しに行かなければいけません。結局、**浮かせようと思っていた食費がかかるばかりか、スーパーに行くためのガソリン代もかさむことになってしまいました。**

さらには、野菜をなんとか育てようと水を畑にまきまくった結果、水道代も高くついてしまいました。また、**「古民家はすきま風が入って寒い」とエアコンをガンガンきかせていたら、電気代が非常にかかってしまった**のです。どれもこれもまったく予想外の出費です。

「このままではいけない」と、Tさんはまず、**家の寒さをしのぐためにリフォ**

ームを行うことにしました。ところが、1カ所直すと別の場所が気になり、費用はどんどんかさんで、**結局トータルで200万円**ほどになってしまいました。

そのほか、家の土地を掘ってみたところ、温泉が湧いていることが判明しました。「温泉が出た！」と喜んでいたのもつかの間、温泉使用料を取られるはめになり……。実際に移住してみたら、想定外の費用はかかるわ、毎日の生活は思った以上に大変だわ、でくたくたです。「田舎なら土地代にはじまり、何でもかんでも安く済む」と思っていたのは大間違いで、**都心に住んでいた時以上に生活費が高くつく結果**となりました。

慣れない田舎暮らしに見切りをつけ、今すぐにでも元の生活に戻りたいところですが、なかなかそういうわけにもいきません。すでに家を購入しているから、貯金も残り少ない状態です。今の家を売却したところで、うまくいって1200～1400万円くらいのものでしょう。赤字は必至です。

2300万円あった退職金もすでに1900万円は使っていますから、残りは400万円。近い時期に費用が底をつくのは目に見えています。ある程度やってみてダメだったら撤退するくらいの覚悟を持って臨まないといけません。ただし、元の生活に戻るための費用も300〜400万円はかかります。都心に家を購入するだけの資金はすでにありませんから、賃貸物件を見つけるしかないでしょう。窮地に立たされたTさんの奥さんが私の元に「どうしたらいいでしょうか？」と相談にやってきました。

Tさんの場合は、理想ばかりが先に立ち、「現実」を知る前に早まって家を購入してしまったことが失敗の原因でした。たしかに、雑誌の「田舎で暮らそう」などという特集を見ると、自然豊かな場所におしゃれな古民家が建っていて、とてもステキな暮らしに見えますね。けれど、実際に暮らしはじめると見えてくることもあるはずです。

急いで購入するのではなく、たとえば**「お試し」として、住みたいと考えている場所に家を借り、実際に数カ月ほど暮らしてみる**という手順を経てみてからでも、決して遅くはないと思うのです。

実際、田舎暮らしを推奨する雑誌の後ろのほうに載っている「広告」などを見てみると、地方の明らかにリフォームしたばかりの、それもかなり立派な古民家が物件として1000万円程度で売りに出ていたりします。それは、もしかするとTさんと同じように、大きな夢を描いて田舎暮らしに飛び込み、古民家を購入してリフォームしたものの、結局うまくいかずに手放さざるを得なかったものかもしれません。

このように、一見夢の暮らしのように思える田舎への移住も、いきなり飛び込むのではなく、よく調べ、実際に短期間でも体験してから決断したほうがよいでしょう。

夢の海外生活をしたいなら

先にお話しした田舎暮らしと並んで相談を受けるのが、「リタイアしたら海外に行きたい」というものです。

私のところにいらしたNさん（58歳・男性）もそのひとり。ニュージーランドに移住したいと言います。「釣り」が大好きなので、ニュージーランドに移り住んだら、思う存分釣りをして、道具やフライを自分でつくって売りたい、と夢を熱く語ってくださいました。

それに対して、私は**「そういったところで暮らしたいのであれば、まずは貯蓄をしましょう」**と申し上げました。**お金を貯めましょう**。単純なアドバイスですが、これ以外に言うべきことはありません。どうもNさんは**「行ってしまえばなんとかなる！」**と思っている節があるようでしたが、はっきり言って、

プランもなくいきなり現地に行ったって、なんとかなんて決してなりません。

Nさんの場合、そもそも渡航費用もないので、まずニュージーランドに行くお金をキャッシングしなければいけない状態でした。最初からそれでは、借金がかさむばかりです。いくら日本より物価が安いからといっても、ある程度のお金を用意しておく必要はあります。

通常、私は**「生活資金」として最低年収の半分はストックしておきましょう**、とお伝えしています。**「投資」をしたり、何か次のアクションを起こしたりするひとつの基準**として、私は「半年分の年収を持っていること」を挙げています。つまり、年収500万円の方で言えば250万円は持っていることを目安にする、というわけです。

けれど、**海外など、今までとまったく異なる環境に行く場合には1年分の収入のストックがあったほうがいいでしょう。**どのような生活になるかわかりませんし、万が一、病気やケガをした際、思いがけないお金がかかることも考えられるからです。

それから、いくら気に入ったからといって、いきなり移住をするのではなく、たとえば1カ月だけ「お試し移住」をして、本当に暮らしやすい場所か、移住するに値するかなどを冷静に判断しましょう。

実際に行ってみたら、「こんなはずじゃなかった！」ということにならないためにも、誰かの言葉を鵜呑みにしたり、雑誌やテレビの情報を信用したりするのではなく、自分の目で見て確かめて、「ここで本当に暮らしていけそうかどうか」を冷静に判断することが大事です。

おひとり様の老後対策

今現在、シングルという方には、介護保険に入ることをお勧めしています。老後、病気をした程度でしたら、ひとりでなんとかできるかもしれませんが、介護が必要ということになった場合には、正直「お金」で解決するしかない部分もあると思います。親御さんが元気でご健在だったり、ご自分の兄弟が近くにいたりする可能性はもちろんありますが、あまりあてにはできないですよね。実際、その時のために一生懸命お金を貯めている方々はいらっしゃいます。

Gさん（55歳）は看護師ですが、「私、もう結婚する予定はないから」と言って、家も自分で買っていますし、貯金も2000万円くらいあります。「年間150万円ずつ貯めよう」とか「家の繰り上げ返済はどのようにしたらいいかしら」など、かなり計画的に考えていて、積極的に質問してくださいます。Gさんは看護師という職業柄か、実際に医療の現場で、患者さんとその家族がお金の件でもめているところを数多く見てきたそうです。そこから、「私の身に何か起きても、きちんと事が運ぶようにしておかないと」と身をもって学んだと話します。通常でしたら、2000万円ほど貯金があれば、十分医療費はまかなえそうですが、Gさんはガンなどになって先進医療が必要になった時のためにガン保険には加入されています。

今は上限1000万円まで支払われる保険もあります。**先進医療は、今はそれほど件数が多くないことなどから、月100～200円程度で加入できます。**けれど、万が一利用する場合には、**1回の手術につき200万～400万円、高ければ1000万円くらいまでかかる可能性もある、**ということですから、加入しておいてもいいかもしれません。

お金があれば保険には入らなくてもいい、という考え方もあります。たしかにそれも一理あるでしょう。ただ、「使う目的」がはっきりしているお金を持っていてもいいと思うのです。Gさんのように、2000万円は原資として取っておきたい、何か別のことに使いたい、という思いがあってもいいでしょう。

ちなみに、**あんしん生命の「メディカルＫｉｔＲ」という保険商品は、使わなかった保険料が70歳などの所定の年齢の時に戻ってくる**という特徴があるものです。医療保険の多くは「掛け捨て」タイプのものが主流ですが、それを知って「なんとなく損をしている」気分になり、「なんとかしたい」と思っている人に好まれるようです。医療保険に入っていたからといって、使うかどうかははっきり言って誰にもわかりません。でも、使わなかった時には、この商品なら払い込んだ保険料のうち、使わなかった分は戻りますので、いわゆる「掛け捨て」にならないところは魅力です。

「老後にいくらかかるの？」という質問は、その前提に「健康に生活を送れる場合」があります。体調を崩してしまい、介護が必要になったり、病院通いや入院が必要になったりする場合には、その前提が崩れますから、その金額もまったく異なってきます。ガンを患ってしまったために働けなくなり、収入が大幅ダウンしてしまったとか、住宅ローンが返せなくなってしまったなど、健康を害したために悲惨な状況に陥られた方を、私はこれまでに数多く見てきました。

団体信用保険（団信）などは、加入者が死亡した場合には、遺された遺族は住宅ローンを払わずに済みますが、介護や三大疾病などになった場合にはローンを支払い続けなければなりません。

そういう意味では、「転ばぬ先の杖」で、今加入している保険をきちんと考えておく必要がありそうです。

老後にやりたいことを実現させるには

「リタイアしたら、そば屋を開いて、自家製の手打ち麺をふるまいたい」「趣味の喫茶店を開きたい」など、老後は「会社員時代とは違うことをやろう」「違う世界を経験しよう」と考える人も数多くいらっしゃいます。

私のところにも「パン屋を開きたいと思っているのですが……。やはりこういうようなことは人生を賭けてやるべきでしょうか」とご相談に来られた方がいらっしゃいました。なんでも、「素人さんでも簡単にパン屋を開けます」という趣旨の研修に出られたのだそうです。入会金やなんだかんだで200万円ほどかかりますが、店舗をどこで構えるのかを選べば、最低300万から400万円程度でオープンできると言うのです。「これなら自分でも第二の人生としてやっていけるかもしれない!」と思ったそうです。

その話をうかがって、私はこうアドバイスしました。

「まずは、同じ研修に出て、実際にパン屋さんをオープンさせた方を探してみましょう。そして、その方のところに行って、実際の話をいろいろ聞いてきたらどうですか？」

研修でのいわゆる「営業トーク」を鵜呑みにするのではなく、「本当に脱サラして、いきなりパン屋さんをオープンしてやっていけるものですか？」「素人が焼いたパンでも本当に売れるものですか？」「アルバイトを雇うなど人件費は支払えるものですか？」など、オープン後に想定される疑問や聞いてみたいことをたずねてみましょう、と申し上げました。

なぜなら、「経験がなくても、低資金でも簡単にパン屋さんが開ける」ことの「事実」「実情」をしっかりと把握する必要があるからです。そしてできることなら、実際にパン屋でアルバイトをするなどして体験を積んでみてもいいかもしれません。

というのも、「趣味でお店をはじめました」という方が、その後、商売がうまくいかなくて、自分の貯金を切り崩しながらもずるずると続けていく例を、私は数多く見ているからです。撤退するタイミングを見誤り、ギリギリまで粘って頑張って、もう引くに引けなくなるパターンです。

起業して成功している方に共通することがあります。

それは**「多くの元手をかけない」**という点です。

まずは数十万円くらいかけてやってみて、それでダメだったら終わりにする。「失敗しても数十万円の損害で済めばよい」と考えるやり方です。そして、きちんと回収できる額のお金しか使わない、ということです。

起業と同様、マンション投資などの場合も、オーナーとしてある程度うまくいっている人たちには余裕があります。マンションも空室が出れば収入も減りますし、店子《たなこ》さんの要望に応えて修繕やリフォームをしたら、そのたびに出費もあります。「マンションを持っていると儲かる」という言葉に飛びついて、投資用にマンションを買ったとしても、そのような収入と支出の波に打ち勝てないような経済力だったらうまくやっていけないでしょう。

そういう意味では、**起業も投資も、なけなしのお金をはたいてやってはいけ**

ません。これは投資全般に言えることかもしれません。全財産を投入して投資すると、たとえ損を含んでいたとしても、株を売らなければならない羽目になるからです。けれど、余裕があれば、今はダメでも少し待っていたら回復するかもしれません。

そこまで待てる余裕が必要だということです。

先にも言いましたが、少なくとも「半年分の年収」くらいの蓄えは持っておきましょう。

3章

50代からのお金の貯め方、使い方

家計の健康にも気を配りましょう

健康でいるのが、一番の節約です。元気ならば、病院や薬にお金はかからないし、働いて収入を得ることもできるからです。特に50代以降になると、体力の衰えや免疫力の低下などが気になってくるでしょう。普段からの体調管理は必要になってくるように思います。

ところが、健康を気にし過ぎるあまりに身体にいいと言われる**「サプリメント」を、お金に糸目をつけず片っ端から買い求める**方がいらっしゃいます。

Yさん（57歳・女性）は自他ともに認める「健康オタク」。誰かが「これ、身体にいいわよ」と言えばさっそく取り寄せ、テレビで話題のサプリメントはいち早く試してみる。その**金額は月に3、4万円**にものぼり、やがてそれが家計にも影響を与えるようになったのです。

ご本人にとっては必要なものですので、私がどうこう言うことではありませんが、ただ、たとえどんなにいいものであっても、貯金ができないくらい、さらには家計に影響を与えるくらいの金額を買う、というのはどうなのでしょう。そこに気づいていただけるよう、お話をしました。

もちろん、自分の健康を考えるのはとてもいいことだと思います。けれど、**健康を気にするあまり、「家計の健康」を害してはいけません。**家計の健康も自分の身体と同じく体調管理していただきたいのです。

こういった健康サプリなどは一気に全部やめるわけにはいかないと思います。量を減らすか別のものを探すか、サプリを飲む代わりに、運動をするなどして身体を動かすことで健康を手に入れるというのもいいのではないでしょうか。

Yさんの場合には、買うものを選別し、サプリメント代の予算を月1万円にして、その分を貯金に回すことにしました。

健康のためには栄養補給も必要ですが、何事も「適量」が一番。家計の健康も大切にしたいですね。

上手に節約できる人の共通点

私はこれまでに9000件以上もの家計を見てきましたが、そのなかで、家計を上手にやりくりしている方には、ある「共通点」があることに気づきました。

着々と貯金をしている方が、あらゆるぜいたくをすべて封印し、節約生活に励まれているかというと、決してそうではないのです。そうではなくて、**お金を使うべき時と締める時の「メリハリ」を知っています。**

たとえば、「月に2回だけはちょっとおいしいワインと生ハムを食べよう。それ以外はお手軽なワインとふつうのハムにしておこう」とか「月1回はあの有名なお菓子屋さんのケーキを楽しもう」など、「月1、2回は自分の食べたいものを食べたり飲んだりする」「家計を3カ月黒字にさせたらごほうびをあげる」といった、自分だけの決まり、つまり「マイルール」をつくっているのです。そして、この**「ふつうの日とハレの日の違い」**を楽しみながら過ごしていらっしゃいます。

人間ですから、たまにはおいしいものも食べたくなるでしょうし、おいしいお酒を楽しみたくなる時もあるでしょう。また、多少お金を使ってでも余暇を楽しみたい時もありますよね。それらをすべて我慢する必要はありません。でも、毎回それをやっていては家計がもちませんから、これらを行う「ハレの日」を決めているのです。そして、それを励みにしながら、節約を続けている、というところがあります。

逆に、**節約がうまくいかないのが、**「もう余計なものは一切買わない！」「絶対に高いケーキは買わない」など、**「全部やめる」「一切絶つ」というように一気に「ゼロ」を目指す方法**です。ダイエットでもそうですが、「甘いもの絶ち」などといって、「スイーツはすべて封印」「一切口にしない」と誓ったりすると、かえって甘いものが気になってしまい、結局長続きしなかったりしますよね。で、しまいには「もう無理！」と今まで甘いものを我慢していた反動で、いきなりドカ食いしてしまったりすることもあるでしょう。そうではなくて、「週1回は甘いもののＯＫの日をつくる」とか「糖質オフスイーツを食べる」など、**少し規制をゆるくしてあげるだけで、長く続けられることもあります。**

節約もそれと同じことです。少しゆるいくらいのルールにしておき、時には「逃げ道」を設けてあげることも必要です。

特に、ある程度歳を重ねていらっしゃる方は、それなりに「いいもの」を知っていることが多いので、なかなか難しいところがあるのではないでしょうか。「もう『量』は食べないから、『質』くらいはよくてもいいでしょ」「『たまには』いいんじゃない」という思いもあるでしょう。

もちろん、自分のルールにのっとった「たまには」ならいいのです。でも、自分のルールを設けずに**「たまのことだから」「今日はいいことがあったし」「今日は疲れた自分にごほうび」**などといって、毎日のように許してしまうのはよくありません。これは自戒を込めての発言です（笑）。

無理なく上手にお金を貯めている人は、**楽しみながら自分なりにルールを決めて、ゆるく節約をしている**ところがあるのです。

お金が貯まる人、貯まらない人のちょっとした「差」

一見同じように生活をしているのに、着々とお金を貯めている人がいます。「あの人はどうしてお金があるのだろう？　自分との差はいったいなんだろう？」と思わず考えてしまうこともあるでしょう。

年齢、性別や年収の差などに関係なく、「お金を貯めている人」と「お金が貯まらない人」には明確な「差」があります。

お金が貯まらない人は、「毎日」なにかしらお金を使っています。

それは別に大きい金額ではありません。たとえば、「家族が『今日はハンバーグが食べたい』と言ったから」といって、予定していた献立を変更して、わざわざひき肉を買いに行ったり、宅配で「ちょっといいもの」をちょこちょこと取り寄せたりしています。お金が貯まる人とそうでない人の支出の差が、一日たった100円だったとしても、1年で考えると3万6500円違います。それが**500円違えば、1年で18万2500円の差**になります。

1日単位で考えると、ほんのちょっとの違いですが、1年経ってみると大きな差になっているのです。その証拠に、**お金を貯めている人は、自分たちでは「頑張って貯めている」という意識があまりありません。**だから、「みんな、なんで貯められないのだろう?」と逆に不思議がっているところがあります。単純に自分が得た収入の範囲内で暮らしている、というだけなのです。

旅行に行く、という場合も、日頃の生活費の中からねん出してしまうと、あとがきつくなります。**貯めている人は**その月の生活費から旅行費を出すのではなく、別に**「旅行用」として取ってある予算の中からねん出**しています。生活費には一切手をつけないので、旅行から帰ってきてから「今月の生活費が足りない！」と焦ることもなければ、いきなり「旅行にお金を使ってしまったから、しばらくは緊縮財政だ！」とあわてることもなく、これまでと同じような生活に戻ることができるのです。

お金を貯めている人というのは、言い換えると**お金に「色」を付けることができる人と言えるかもしれません。**「これは旅行用のお金」「これは食費のお金」「これは老後のお金」など、目的別にお金を見て、分けておくことができるのです。毎月少しずつ貯め分けて、なんとなく自然とやっています。

一気にやろうとすると辛くなります。けれど、無理して行わないから辛くないし、長続きする。そして、本人もそれほど「貯めている」という意識がないから、気づけば「あら、こんなに貯まっていた！」ということになるのです。

もうひとつ、お金が貯まる人は、**たとえ収入がアップしたからといって、そこで突然派手な生活に変わったりすることはありません。**いくらお金があろうと自分の価値観はぶれないのです。

私のところに、数億円の資産を持っている方がいらっしゃいました。その方は結婚記念日に「奥さんへのプレゼントに8000円出すか、それとも1万5000円まで出すか。まあ特別な日だからいいかな。でもな……先生、どう思われます？」などと、ずっと真剣に悩んでいらっしゃるのです。私からすると、「そんなに悩むほどの金額ではないし、ましてや何億ものお金を持っている方なのだから、少しくらい奮発したっていいのに」なんて思ってしまいますが、その方にとっては、この悩みはお金を持っていようがいまいが関係ないのです。そんなことよりも、自分の中に染みついている価値観に照らし合わせて考えています。

別の例では、**生活はダンナ様の収入ですべてまかない、奥さんが働いて得た収入はすべて貯金に回している**、という方がいらっしゃいました。頭で考えれば貯まるのは当然の話なのですが、それを実行しているのがすばらしいと思います。というのも、通常は収入がアップしたり、少し余分なお金が入ると、つい気が大きくなって、これまで買わなかったようなものに手を出したり、ちょっといいものを手に入れようとしたりするからです。すると、得た「差額分」のお金などあっという間になくなってしまいます。これではお金はいつまでたっても貯まりませんね。そして、これこそお金が貯まらない人の典型です。

お金を貯めるというのは、**収入と支出の差を少しでも「プラス」にすること**ですから、収入が増えた分、支出を増やしてしまっては元も子もありません。

これは退職金が入った時も同じことです。どんな状況でも、自分の価値観を変えないということは大事なことなのです。

その「買い物」、本当に必要ですか？

よくよく考えてみると、人間は意識するとしないとにかかわらず、なにかしらものを買っています。買い物はなにもデパートで洋服を買う、というようなことだけではありません。自動販売機でお茶やコーヒーなどのドリンクを買ったり、駅前の売店で新聞や雑誌を買ったりするのも、立派な「買い物」です。そのほか、スーパーや八百屋さん、魚屋さん、肉屋さんで日々の食事の買い物をしたり、ドラッグストアでトイレットペーパーや歯ブラシ、シャンプー、リンスなどの日用品を買ったりもするでしょう。もちろん、たまには洋服、バッグ、靴、アクセサリーや冷蔵庫、掃除機、テレビ、携帯電話などを買うことも。「買い物」をする機会はいくらでもあります。

では、その買い物は本当に必要なものですか？

60代前後の、特に女性に多いのが、**「着道楽」**の方々です。「歳を取ってきて、顔がくすんできたから、せめて身の回りだけはキレイにしておかないと、老《ふ》けて見えるわ」とばかりに洋服やアクセサリーを買い込む方がいらっしゃるようです。

先日私のところにいらしたOさん（58歳）は専業主婦の奥様。ダンナ様（61歳）は月50万円から60万円の稼ぎがありますから、決して悪くない、むしろいいほうだと思うのですが、貯金はゼロでした。高校1年生、3年生のお子さんがいらっしゃいますが、食べ盛りのふたりがいるために食費がかさみ、家計がうまくやりくりできない、とおっしゃいます。

けれど、お話を聞いているうちに原因は別のところにあることがわかってきました。それは、Oさんの「買い物グセ」。**洋服に毎月5万円ほどつぎ込んでいたのです。**

洋服を買っても、すでにクローゼットはいっぱい。収納する場所がないから、その辺に積み重ねていくうちに、どんどん別の部屋を占拠してしまっている状態だそうです。「それでもまだ欲しいのですか？」と聞くと、「はい、欲しいんです」という答えが返ってきます。どうやら、ストレス発散のはけ口として洋服を買い込んでいるのです。Oさんはお金に困ると、年に2、3回、〝奥の手〟として86歳になる実父のところに行き、100万円ばかりもらってくるのだそうです。なんともうらやましい話ではあります。このようにして急場をしのげる今のうちはいいかもしれませんが、Oさんのお父さんだっていつまで生きていらっしゃるかわかりません。

さらに、ダンナ様は65歳で定年を迎えるとのことですから、今の収入が得られるのもあと4年ほど。その後は確実に収入がダウンするでしょう。お子さんもまだまだお金がかかる時期ですから、その分の費用も見越しておかなければなりません。現状で貯金ゼロでは、今後かなり厳しい状況になるのは目に見えています。

そこで、キーになってくるのが、**「その買い物は本当に必要なのか？」**というところです。本当は必要ではないけれど、「気持ち」だけが欲しているという場合も往々にしてあるからです。

Oさんの例で言うと、高校生のお子さんはいわゆる**「食べ盛り」**ですから、食費がかかるのは仕方ない話です。ということは、**食費も「必要経費」**と言えるでしょう。でもそれも、期間限定の話。あと少し経つと落ち着いてくるはずですし、健康な身体をつくるためには食べ物は重要ですから、そこをケチるのはあまりよくありません。

それよりも、家のスペースを占拠するほどに洋服を買うことは本当に必要なのでしょうか？

大きなものであれ、小さなものであれ、「買う」という行為には変わりはありません。ペットボトル1本は160円程度ですが、それもチリも積もれば山となるで、毎日買えば、10日で1600円、1カ月で4800円、1年間で5万7600円です。**160円のペットボトル1本も、10年毎日買えば、57万6000円**にもなる計算です。

よく安売りショップや100円ショップなどで「安いから！」と大量買いする方がいらっしゃいますが、それだってチリも積もれば……です。本当に必要なものならばいいですが、「安い」という理由だけで買い込んでしまい、結局使わないまま押入れにしまって忘れてしまったり、食べ物であれば賞味期限が切れたり、冷蔵庫に入れっぱなしで腐らせたりしてしまっては、それこそ「ムダ」以外のなにものでもありません。

買う前に「これは本当に必要なものなのか?」と一度、自分に問いかけてみてください。それだけでも「買いすぎ」を防ぐひとつの方法になるはずです。

よく「同じ給料なのに、どうしてあいつはあんなにいい家を買えて、自分は買えないんだ」とやっかむというか不思議がる方がいらっしゃいますが、その差は本当に小さなものなのです。でも、先に計算したように、ペットボトル1本を毎日買うか買わないかだけでも10年経つと大きな差が出てきます。

それが「老後のお金」という話になると、さらに先のことになってくるので、差もだいぶ顕著になってきますよね。

「自分にとって本当に必要なものだけを買う」その心がけが、積もり積もって老後のお金に響いてくるのです。

ネット、宅配……「便利！」の意外な落とし穴

最近は、インターネットで食品を注文するとその日のうちに届けてくれるネットスーパーや、宅配サービス、毎週カタログをチェックしてオーダーすると届けてくれる生協などのサービスも数多くあります。たしかに、重いものを持ち運べないご年配の方や、買い物に行く時間のない小さなお子さんのいらっしゃるご家庭、近所にスーパーがない方などにはとても便利なサービスですよね。けれど、この便利さと引き換えに、食品の**宅配サービスを利用している人は必然的に食費が高い傾向にあります。**私のところにいらっしゃるお客様でも、宅配サービスを利用している方は、たいてい食費がオーバーしています。

家にいながらにしてほしい食材が届く、というのは非常に楽で、ついつい利用したくなりますよね。けれど、「何千円以上送料無料」などと書かれている

と、ついその値段に合わせて、たいして必要のないものまで注文してしまったりします。また、毎週、カタログにチェックマークを入れて申し込むだけで、重い思いをすることなく家まで品物が届いてしまう気軽さから、ついつい余計に買ってしまいがちです。

けれど、それが食費を増やす原因になっているのです。その結果、冷蔵庫には食料品が食べきれずにあふれてしまいます。そして、「あら、冷蔵庫の奥にあって気づかなかったけれど、これ、もうすぐ賞味期限が切れるから早く食べなきゃ！」とか、時には、「やだ！　賞味期限がちょっとすぎているけれど、まだいけるわよね。もったいないから急いで食べなきゃ！」など、日々「賞味期限」と戦うことになるはめに。そして、たいして食べたくもないものを必死に食べてなんとか消費しようとすることになるのです。これでは何のために買ったのかわかりませんよね。食べきるのならばまだいいですが、冷蔵庫の奥に何カ月も眠らせて腐らせてしまったりすることもあるでしょう。これなどは本当に「ムダ」としか言いようがありません。もったいないことですね。さらには、すでにあるのを忘れて重複して買ってしまう、といったこともあるでしょう。

たしかに、宅配サービスは便利です。だから、近所のスーパーよりも多少高かったとしてもつい利用してしまう、というのは仕方ないことだと思います。真夏の暑い時や大雨の時、寒さの強い真冬日などは、外に出たくなるでしょう。それはいいとして、問題なのは、その便利さにどっぷりと際限なく浸り切ってしまうことです。

宅配サービスを利用する際には「マイルール」を決めることが大切です。**「頼むのは月に2回までにする」「金額は1回あたり○○円までとする」**等、回数と金額をきちんと決めておくといいでしょう。

その気持ちがあるだけでも、かなり食費は抑えられます。

「安い！」って、本当に安い？

これも、50代以降の方に多いのですが、「安い！」というだけで、たいして欲しくないものまでもつい買い込んでしまいがちです。

たとえば、テレビの通販番組なども「安さ」にだまされやすいもののひとつです。先日は、「限定100セット！　〝わけアリ〟ですが、味に変わりはありません。この値段で買えるのは今だけ！」などというような誘い文句にひかれて、ホタテの貝柱1キロセットを買った方がいらっしゃいました。けれど、そのお宅は70代後半のご夫婦の2人暮らしです。いくらホタテが好きだからといっても、1キロはそうそう食べきれる量ではありません。案の定、買ってから1年近く経った今でも、冷凍庫にはホタテの残りが大量に眠っていると言います。たしかに、テレビを観ていると「残りわずか！」という文字が、目を引くようにピカピカと点滅していたり、レポーターの人が試食しながら、「うわ～、甘くてとろけそう！　こんなにおいしいホタテは今まで食べたことがありません。それがこのお値段で食べられるなんて！」などとなっていたりします。観ているだけで、ついつい購買意欲に火がついてしまいますね。たしかに、1個あたりの値段だけを見れば安いかもしれません。けれど、それは**すべてを食べきった時に考えることです。それを食べきれずに捨ててしまったとしたら、そのために払った金額を「ゴミ箱」に捨てたのと同じ**ことになってしまうのです。それでは、ちっとも安い買い物をしたことにはなりませんよね？

「安そうだ」と感じた時には、自分にとって本当に安くつくものなのかどうか？　ということを一度冷静な目で見てください。値段だけを見て、「安い！安い！」と買っていると、結局は高くつくことも数多くあります。そして、安いからといって、「本当に自分が欲しいものなのか？」ということについても合わせて考えてみてください。

「家計」を劇的に変える、この方法

さて、これまでお金にまつわるお話をいろいろとしてきましたが、自分の生活習慣や消費行動を変えるというのは、なかなか難しいことだと思います。

そんな時、私はまず**「家計の中でひとつの品目だけ意識して節約してみてください」**とお伝えしています。それを心がけるだけでも、ずいぶん家計が改善される方が多いのです。

特に、食費をコントロールできるようになると、家計が大きく変わってくるな、というのが、多くの方にアドバイスさせていただいた中で実感することです。

「食費を制する者は家計を制する」といっても過言ではありません。

家計の内訳を見てみると、一番使う頻度が高いものはなんといっても食費だと思うのです。食事は基本的に一日3回食べますよね。そのほかにおやつを食べたり、お茶を飲んだりすることも多いでしょう。私たちの生活の中で「食べる」という行為は大きな割合を占めているものです。ですから、金額にすると当然大きなものになってきます。ほぼ毎日、意識しなければいけないものだと思うのです。住居費に次いで、いや、場合によっては住居費以上にかかる場合もあるでしょう。支出の中で食費は大きなシェアを占めているものです。

食費以外にかかる生活費を考えてみると、月1回支払う家賃、もしくは住宅ローンに生命保険料、水道代、電気代、ガス代などの光熱費ですよね。家賃や住宅ローンなどは固定ですから金額の変更はききませんし、生命保険料なども一度見直しをしたら、そうそう支払い額を変えることはしないでしょう。光熱費も月に1度、請求書の金額を見ながら、「今月は使いすぎたから、来月はちょっと気をつけなくちゃ」と漠然と考えるくらいしか、見直す手立てはありません。

けれど、食費は違います。日々の使い方ひとつで大きく変わってくるものなのです。

とはいっても、毎日予算を決めてその範囲内でやりくりする、というのはかなり難しいでしょう。たとえば、食費の予算を1カ月6万円と決めたとして、それを30日に均等に割り、毎日それに合わせてきっちり支出できるようなすばらしい人は、正直言ってそう多くはありません。1割もいるかどうか、といったところでしょうか。かくいう私も、お金のプロを自負していますが、このようにできる自信はありません（笑）。

1カ月、毎日まったく同じ生活を送るのであれば、同じ食費の予算でも十分やっていけると思います。けれど、毎日には変化があります。おじいちゃんやおばあちゃん、お友達が遊びにくる日もあるでしょうし、子どものお誕生日などもあるでしょう。いつもより豪華な食事をすることの多い「ハレの日」には、通常より食費にお金をかけることになると思います。

また、たいていの人は、給料日の直後は気が大きくなってついつい食費を多く使ってしまい、後半になると「予算も残り少ないから……」と、次第に切り詰めた生活をする、というようなことを繰り返しています。

はっきり言って、食費をコントロールするというのはなかなか難しいことです。けれど、逆に食費さえコントロールできるようになると、ほかの部分の支出も徐々にコントロールできるようになってくるのです。それが、「食費を制するものは家計を制する」と言う所以《ゆえん》です。

では、実際にどのように食費の管理を行えばいいでしょうか。私のところにいらっしゃるお客様には、**ふつうのお財布とは別に、食費だけを入れるお財布を持ってもらいます**。そして、この「食費財布」の中に、毎週月曜日など決まった曜日に、1週間で1万5000円など決まった金額のお金を入れて、その中で上手にやりくりしていく方法を実践してもらっています。この場合には、毎日同じ金額を使うことにならなくてもいいのです。たとえば、月曜日に4000円使って、火曜日に1500円……という形でも、1週間1万5000円で収まるようにすればいいのです。

そして、**1週間のうちで、大きな買い物を1回したら、あとは卵や牛乳など、本当に足りないものだけを買い足す小さな買い物を2、3回する**という形にするといいでしょう。毎日ちょこちょこと買い物すると、思いがけず大きな出費になるので、このように1週間のうちで買い物にもメリハリをつけながら、上手に家計をやりくりしましょう。

そのような買い物の仕方を繰り返していくうちに、だんだんと食費の使い方がわかるようになってきます。実際に「食費財布」の中身と相談しながらやっていけばいいので、割と自然に節約もできるようです。

こうして、食費をコントロールできるようになればしめたもの。家計の大半を制したことになるのです。

銀行借り換えの「裏ワザ」

節約のひとつは、支出を減らす。そのために買い物を控える、というのももちろんですが、それだけではなく、今払っている固定費について見直してみるのもひとつの方法です。

たとえば、住宅ローンなども最近は金利が低めになっているので、**5年以上前に住宅ローンを借りた、という方は一度見直しをしてみてもいいでしょう。**

手数料を考えても月々安くなるというケースも出てきています。

また、**同じ銀行での「借り換え」は基本的に無理だといわれていますが、ちょっと「裏ワザ」的にできる場合があります。**

先日いらしたお客様は、今借りている銀行に、「実は今の金利が高いので、ほかの銀行さんで借り換えを検討しているのですけれど。こちらの銀行では借り換えという話はないのですか?」と聞いてみたところ、「本当は例外なのですが、一応このくらいの金利でどうですか?」という打診があったそうです。それで、**2%だった金利を0・9%に変更することに成功**しました。

これは**「裏金利」**などと呼ばれており、一般に発表されている店頭金利や優遇金利を交渉によって下げることができる場合があります。この「裏金利」のいいところは、同じ銀行での借り換えなので、多くの場合、**抵当権の再設定も必要とせず、手間やコストが抑えられます。**トータルで見ると、とてもお得なのです。

借入金額が数千万円ですから、金利が1%違うだけでも大きく変わってきます。ローンの負担がかなり軽減されることでしょう。

あとは先にもご紹介したような、生命保険の見直しなどによっても、ずいぶん支出を抑えることができます。今支払っているものを再度見直すという「手間」をどうか惜しまないでください。

「買いだめ」はもうやめなさい！

家にものがあふれすぎている、というのは、少しもいいことがないような気がします。まず、ものを大切にしなくなります。少しくらいものが足りないほうが、ものを大事に扱うような気がするのです。

私のところにいらしたWさん（56歳・女性）は、家に柔軟剤を5本も6本も買いだめしておかないと気が済まない、という方でした。「なぜそんなに買いだめするのですか？」と聞いたところ、「全部使い切ってしまって新しい柔軟剤が必要になった時に、スーパーで安売りをしていなくて定価でしか買えなかったら悔しいと思いませんか？　そういうことのないように、安売りのたびに買い置きをしているんです」という答えが返ってきました。**いざ買おうとした時に「安いのを買えなかった」という悔しさを味わいたくないから、大量に買**

いだめしておく、というのです。

でも、柔軟剤の安売りは1回限りではありませんよね？　おそらく、スーパーやドラッグストアなどでは、毎月のように安売りが行われているのではないでしょうか。「とりあえずストックは2本程度にして、もし本当に必要ならば、次の安売りで買い足せばいいのではありませんか？」とWさんにお伝えしたところ、「でも、柔軟剤が足りなくなった時に限って、買いたい品が『お買い得品』になっていなくて……。それがなんだか負けたような気がして、たまらなく嫌なんです」とおっしゃいました。Wさんの安いものを買うための情熱は相当なようです。

ところが、よくよくうかがってみると、こんなことがわかりました。Wさんは、柔軟剤をいっぱい買いすぎているために、買い置きを置いておくスペースがなくなってしまったのです。そのため、「少しでも早く使いきってなくしたい」「1本でも減らして場所を空けたい」と、**洗濯する時には柔軟剤の裏に書かれている規定量よりもずっと多い分量の液体を、とにかくじゃぶじゃぶ入れているる**というのです。これではせっかくお得に買ったはずのものも、ちっともお得ではなくなってしまいますよね。

Wさんに限らず、買いだめをしていると、ついつい気が大きくなるのか、使いすぎてしまう傾向にあります。また、Wさんのように、安売りで買ってはみたものの、早く使い切り、スペースを空けたくて必要以上に使ってしまう、ということもあるでしょう。

私の家でも、トイレットペーパーを買いだめしておくと、子どもたちが調子に乗って紙をガンガン使うため、ロールはすぐになくなってしまいます。それではあまりに不経済なので、我が家ではあまり買い置きしないようにしています。どうしても足りなくなった場合には、ちょっと割高ではありますが、近所のコンビニに買いに行くこともあります。すると、高い値段で買ったことをわかっているからか、買い置きしている時に比べて紙を使わなくなるようなのです。そのため、ロールは長持ちします。人の心理っておもしろいですよね。そう考えると、たとえ少し高い値段で買ったとしても、結果的にはお得に使えているのではないか、と私は思うのです。

人はものがあまりないほうが、大事に使うような気がします。「これしかない」と思うと、おいそれと使えないから大切に考えながら使いますよね。トイレットペーパーでも、「安いから」といって買い込みすぎると、逆に価値が薄れて大切にしなくなる。その結果、必要以上に「ムダ使い」してしまい、ちっともお得な買い物をしたことにはならなくなってしまうのです。

Wさんの場合で言えば、「安いから」と言って買った柔軟剤を、通常は1回あたり40ml使えば十分足りるところを、1回80ml使っていたとしたら、たとえどんなに安く買っていたとしても1回あたりの単価は2倍に跳ね上がることになります。それでは本当に「安い」買い物をしたとは言えません。

毎日の生活の中では、「ちょっと足りないかな」というくらいのほうがいいように思います。ものも大切にしますし、気持ち的にも緊張感を持った生活ができるように思うのです。

私自身を振り返ってみると、お金がない時のほうが何事にも貪欲だったし、ものを大事にしていた気がします。十分なお金がないから「買いたい！」と思った本もなかなか満足に買うことができませんでした。けれど、なけなしのお金で買った1冊は「せっかく買ったのだから、きちんと読もう！」と、じっくりきっちり読んでいました。そして、自分ではなかなか本が買えないけれど、なんとかして本を読もう！　とあれこれ手を尽くして読書にふけっていたような気がするのです。

それが今ではどうでしょう。ある程度、本を自由に買えるようになったら、買うばかりで読まない本が増えました。いわゆる「積ん読」が増えたのです。実際に十分な本を手に入れるだけの余裕ができたら、本を大事にしなくなった。まったくもってもったいない話ですよね。

今はなんでもお金を出せば手に入れられる便利な皿の中になりましたが、少し満たされないくらいのほうが人間らしく生きられるのではないかな、という気がします。

貯めている人は実は「先」など見ていない

お金を貯めている人ってどんな人なのだろう？　きっと先の計画もしっかり立てて実行している人なのだろうな、と考えがちですよね。

お金を貯めるには、一見「先を見る」ことが必要なように感じるかもしれませんが、実はそれほど「先」を見ることは重要なことではありません。そして、**本当にお金を貯めている人というのは、それほど先を見ていない**のです。

たとえば、2000万円必要だとすると、まずは「今の生活がどうなのか」を見ることからはじめます。今の生活さえきちんとしていたら、「時間が経てばきちんと貯まっていく」ことが見えてくるからです。

先にも書きましたが、未来を見据えて「10年間で2000万円貯めるぞ！」などと宣言しても、正直言ってあまり現実味がないと思います。意気込みよりも先に「10年かけて貯めるのか、長いな」「大変そうだな」「きつそうだな」というマイナスの気持ちを抱いてしまうのではないでしょうか。

先に「お金ありき」で考えてしまうと、辛いだけです。

貯める人は「今」を見ています。先にも書きましたが、「今を変えると未来が変わる」という考えです。だから、「収入」よりも先に「支出」を見ます。今の支出を見直せば、未来の収入が変わっていく、というわけです。

これは転職を考える際などにもよくわかります。

お金が貯まらない人はまず**「転職したら給料がいくらくらいもらえるか」**というところを見ます。これは「収入」を第一に考えている、ということですよね。けれど、お金が貯まる人は、**「生活がこのくらいかかるから、このくらいもらえればいいいな」**と「支出」から考えていくのです。

同じことが50代の方にも言えます。

先にも少しお話ししましたが、**「今」の支出を考えてそこから改善していけば、今からでも十分「老後のお金」を貯めることはできます。**「今を変えて、未来を変えていく」のです。よく「目先のことにとらわれず、先を向いて生きよう」などと言われたりしますが、ことお金に関しては、先のことを見すぎず、「今」をきちんと見られることこそが、貯められる秘訣だと思います。

お金のことは「考えすぎない」

お金を貯めるのが上手い人は、先のことを見ていないだけではなく、お金のことを考えすぎていません。

たとえば、家計簿をつけているとしたら、**「家計簿に費やす時間は1日10分だけ」「毎日つけるのは面倒だから、3日以内につければいい、というルールを決めています」**など、割とお金に対してクールに接しています。そして、家計の管理に関して言えば、このくらいのかかわり方のほうがうまくいくのです。

逆に、真面目に一生懸命考えすぎてしまう人のほうが、貯金も長続きしません。よく、「よし！ 家計簿をつけるぞ！」と意気込んだのはいいものの、「絶対毎日つける」という目標を立てたり、完璧を期して「計算が30円合わない」

と収支が合うまで何度も計算し直したりする方がいらっしゃいます。これが、銀行だったり、企業の経理部だったりした場合には1円単位でもお金が違ったら問題になりますが、**ご家庭の場合でしたら、1000円までの誤差は許される範囲**だと私は考えています。それよりもよくないのが、たとえば1週間家計簿をつけるのを忘れてしまったり、計算が合わないことが続いたりして、「あぁ、もうめんどくさい！　家計簿なんて私には無理なんだわ。もうやめた！」と気持ちが爆発して、家計簿をつけることをすぐにやめてしまうことです。100点を目指すあまりに三日坊主になってしまうくらいなら、60点でもいいから長続きさせたほうがずっといいのです。気負いすぎず、「60点、70点できていれば上出来上出来」というくらいの気持ちで臨むほうがうまくいくものです。

同じように、「あー、お金を切り詰めなきゃ！　今月は子どもの合宿代もかかるし、おけいこ代も……」など、お金のことを一日中考えるのはやめましょう。買おうかどうしようか迷ったら、その日はいったん忘れて、一晩寝てから翌日あらためて考えたほうが気持ちも整理されて正しい判断ができるでしょう。

ネットで本を買う場合、私は「これが欲しいな」と思ったものはとりあえずカートに入れておき、一日そのまま寝かせます。そして、翌日再度見直して、それでもなお「やっぱり欲しい」と思ったら、はじめて購入手続きを取ることにしています。これが意外とおもしろくて、本を見た瞬間は「これは絶対に欲しい！　自分に必要なものだ！」とかなり盛り上がっていたはずなのに、翌日カートをあらためて見てみると、「あれ、なんでこの本が欲しかったのだろう？　私はいったい何をしているのだ？」と冷めた目で見てしまうことが多いのです。盛り上がった気持ちのまま、購入してしまうと、思わぬ出費になったりすることもありますが、これなら一時的な衝動買いも抑えられます。

ネットショッピングは画面の「購入する」ボタンをクリックすればすぐに購入できてしまうところが便利で魅力でもありますが、それゆえについつい買いすぎてしまうことも多いでしょう。

ですから、**一度買いたいと思ったものを、1日もしくは半日「冷却期間」を置いて見直してみる、**ということも買いすぎを防ぐうえで重要なことなのです。

4章

老後に困らない「お金」の知恵

「賃貸と持ち家」——老後に得なのはどっち？

お金について考える際によく聞かれるのが「賃貸と持ち家、どちらが得ですか？」という質問です。突き詰めて考えていくと、基本的には「どちらもかかるお金は同じ」だと言えます。

先にも少し書きましたが、退職金を当て込んで家を買ったものの、退職金が予想していたほど出なかったために払いきれなかった人もいますし、住宅ローンを払ってしまったために、老後の資金がなくなってしまった、という方もいらっしゃいます。ですから、そこまで無理して家を購入して、返済にあてる必要はないのではないか、という見方もあります。そう考えると、「賃貸でいい」という意見もあるでしょう。

はっきり言って、賃貸と持ち家、どちらにもメリット、デメリットがあります。

まず、**「賃貸」**の場合、**住宅ローンによる制約を受けない、収入が減った時にも臨機応変に対処しやすい（引っ越し代、敷金、礼金などはかかりますが）、税金を意識しなくてもよい（固定資産税などは考えなくてよい）**、といったことがメリットになります。

一方、「持ち家」の場合は、**住宅ローンを払い終えたあとは所有できるので「自分の家」として暮らせる**ということが一番のメリットと言えるでしょう。ローンさえ払い終えてしまったら、あとは住居費の心配をしなくてもいいし、生活の変化に応じてリフォームを施すことも可能です（リフォーム代はかかりますが）。このように、**賃貸は縛られない「自由さ」を重視する人にはいい**でしょうし、**持ち家は「安心」を重視する人に向いている**ように思います。

ただ、「老後」という観点から考えてみた場合には、個人的には「持ち家」のほうがいいな、と思っています。というのも、**リタイア後、賃貸物件に住み続けた場合、月々の住居費としての出費が重くのしかかってくるところが大きい**からです。できれば、年金生活に入った時には住居費はかからないようにしたいと考えると、「持ち家」のほうが有利です。それに、やはり老後は「自由さ」よりも「安心」に重きを置きたいと思ったりもします。

では、何歳くらいから「老後の住まい」について考えたほうがいいでしょうか。

本来ベストなのは、40代後半になった時点で、年金生活なども視野に入れながら住まいを検討することでしょう。

よく銀行などに行くと、「30年ローンを組む場合、60歳の定年退職に照準を合わせるならば、30代のうちに決めておかないと間に合いませんよ」などとおられたりするでしょう。もちろん、30代のうちからしっかり将来を見据えることのできる人もいると思います。

けれど、たいていの30代の方は今のことに一生懸命で、老後の生活などについてはまだ見えていない部分も多いのではないでしょうか。それに、30代で一戸建てを買ったとして、そこを「終の棲家」と考えるならば、以降50年以上住むことになりますよね。10年ごとにメンテナンスを行っても5回、その間、さすがに1回くらいは大規模なリフォームをしなければならないでしょう。そう考えると、メンテナンス費用もバカになりません。

また、30代の時と老後とでは、住みたいと考える場所も異なってくるように思います。仕事を一生懸命する時期でもある30代のころなら「通勤に便利で、子どもの学校や遊び場もあり、さらに繁華街にもほど近い、便利でおしゃれな場所」を好むかもしれません。

けれど、老後は「繁華街には遠くてもいいので、空気がよくて、ゆっくりのんびりできる場所」を望むようになるなど、好みは年代とともに移ろうものだと思うのです。ですから、あまり早くに定住地を決めてしまうと、あとで「本当は別の場所に住みたかったのに……」と後悔することにもなりかねません。

私自身は現在、賃貸物件に住んでいます。ではずっと賃貸物件に暮らすか、というと、たぶんそれは違うと思います。いつかは海も山も近い、東京からはちょっと離れた郊外にでも家を持って落ち着きたい、と考えています。ただ、今は東京のいろいろな場所に住んでみたい、という思いがあるのです。東京には下町や山の手の洗練されたところや都会的な空気の場所など、さまざまな「顔」があるので、それらを味わってみたいのです。今住んでいる場所は利便性がよいほうで、大きな商店街があって下町を味わえる雰囲気もあり楽しいのですが、「ずっと住むところではないかな」などとも思っています。いろいろな場所を経験しながら、自分が「将来、ここに住みたい！」と思える場所に腰を据えたいなと考えています。

ただ、ひとつ問題なのが、あまり年齢を重ねてから家を購入するとなると、寿命も限られていますから返済期間を長く取れません。となると、頭金を多く入れないといけなくなります。でも、無理をして30代で家を購入するくらいなら、**賃貸物件に住みながら頭金を3割から4割分くらい貯め、50代になってから家を買う**というほうがいいように思います。住宅ローンの期間を短くするほうが、お金のやりくりもうまくいきやすいと言えますし、老後を上手に暮らせるのではないでしょうか。

また、**現金で手頃な中古物件を買う**、というのもいいでしょう。住宅の耐用年数には諸説あって、**「通常は30年」と言われるようですが、きちんと手入れをしながら住み続ければ１００年もつ**そうです。

ちなみに、お客様の中には賃貸派の方もいらっしゃいます。50代で４０００

万円貯めた方なのですが、「家は買おうと思ったら、いつでも買えるからいいんです。今は別に焦っていません」と賃貸暮らし。月に12万円の家賃を払っています。その方は、「買うなら2700〜2800万円くらいの中古マンションを一括で」と明確なビジョンをお持ちです。

そのように、きちんと資金をお持ちで、自分の確固たるご意見をお持ちなら、賃貸でも十分だと私は思います。

定年後、年金受給前の暮らし方

65歳定年制がはじまったと言われますが、実際には全員が60歳以降も正社員として働けるわけではありません。再雇用も絶対ではないのです。ですから、60歳以降も働きたいのなら、自分で再就職先を探すことになるかもしれません。しかし、60歳でハローワークに通って、仕事先を見つけることの難しさは説明するまでもありません。

一方、年金の支給開始は今のところ65歳です。では、この5年間をどう乗り切ればよいのでしょうか。

実際、**定年を迎えてから年金が支給されるまでの5年間には、いったいいくらお金が必要となってくるでしょう?**

たとえば、生活するのに**年間250万円かかるとして、5年間で1250万**

円必要になる計算です。ただ、これだけで済むわけではありません。それ以外に病気や事故、その他冠婚葬祭など、突発的に必要となるお金が出てくるでしょう。そう考えると、最低でも**1500万円は必要**になります。

さらに、今のところは65歳から年金がもらえますが、それが今後67歳になるかもしれないし、68歳になる可能性もあります。でも、今、周囲を見回してみると、68歳の方って、まだまだお若いし、元気で活動的ですよね。

もちろん、「俺はこれまで十分働いてきたし、貯蓄もたっぷりあるから、これからはそれを食いつぶして好きなことをやる」というのもひとつの生き方ではあると思います。けれど、実際にはまったく収入がないまま、貯蓄を使い続けて生きていけるほど貯蓄が潤沢にある方、というのは、残念ながらそう多くはありません。

となると、**「なるべく貯蓄を減らさないように働き続ける」**必要があります。「支給額が減ってもいいので、年金を前倒ししてもらいましょう」と提唱する人もいますが、それにしてもある程度、自分で収入を得て支出分をカバーできるようになると、のちのち楽だと思います。

定年後、年金受給前の5年間（今後は5年よりもっと長くなるかもしれませんが）、これはもう「働きましょう」の一言に尽きます。

はっきり言って、選ばなければなにかしら仕事はあるものです。現役時代は、ほかの仕事をするなどして副収入を得ることは禁じられていたかと思います。そのため、自分の生活を「収入と支出」という観点から見た場合、収入は1カ所からしか得られず、ある程度固定されたものでした。ですから、「貯金をしたいな」と考えた場合、収入を上げることはできないので、必然的に節約などして支出を下げることしか選択肢がありませんでした。

けれど、**リタイア後は違います。いくつ仕事を掛け持ちしても誰にも文句を言われませんし、罰せられることもありません。**「貯金をしたいな」と考えた場合、もちろん支出を下げることもひとつの方法ですが、それとともに「収入を上げる」という方法も選択肢としてあるのです。

節約ばかりを考えるよりも、働けるのであればきちんと働いて収入を上げることを考えるほうがずっと前向きだとは思いませんか。働けるうちはきちんと働く、という意識が大切なように思います。

そう考えると、リタイア前の50代のうちから、**定年退職後の再就職のための「人脈づくり」をしておく、というのも重要かもしれません。**いわゆる、第二の「就活」です。

私の取引先の中にも、「退職したら、ここで手伝わせてもらえませんか？」と真顔でおっしゃる方が、たまにいらっしゃいます（笑）。でも、このくらいの売り込みをして、リタイア後の仕事のあたりをつけておく、ということはこれから必要なスキルと言えるのではないでしょうか。

定年後も働くという生き方

先にも書きましたが、はっきり言って、60歳で「完全リタイア」の時代は終わりです。「60歳で働くのはおしまい」と考えるのではなく、**「今の会社での仕事は60歳でいったん終了。以後は別の仕事を楽しみながらしよう、そして何かしら収入を得よう」**という考え方に切り替えるべきではないでしょうか。

何度も書いていますが、大切なことなのでしつこく言います。

年間250万円消費するとなると、年金が出るまでの5年間に1250万円消費することになります。この**5年間に何もしなかったら、マイナス1250万円**です。けっこう、いや、かなり大きな額だと思いませんか？　しかも、この年間250万円という数字は質素倹約の暮らしをした場合の金額ですから、もっと優雅に使った場合には、400万、500万円……と、さらにお金がかかります。そう考えると、リタイア後のまだまだ若いうちに働いて、ちょっと頑張ったほうがいい気がしませんか。

65歳から年金が出るとなっても、現役時代の収入は望めません。年金だけで暮らしていくのはやはり難しいのです。

定年後の収入はたしかに減りますが、「ゼロ」ではありません。「プラス」です。

仮に手取りで**月25万円ほどもらえるとした場合、5年間で、1500万円です。**

これだけでも、5年間でかかる1250万円の生活費はまかなえるのです。それどころか、「黒字経営」です。

老後の資金はあればあるほど、安心できます。

60歳までは「家族のため、生活のため」を第一に働いてきたとしたら、定年後は「自分の人生を楽しむために」を第一に考えて働いてみるのもいいかもしれません。

定年後、いくら稼げる？

では、定年後にはいったいいくらくらい収入を得られるものなのでしょうか？

働き方にもよりますが、たとえば会社の再雇用制度を利用した場合、**正社員として働いていたころの50〜60％程度**の給与になるケースが多いでしょう。

給与が現役時に比べて75％未満に下がると、**「高年齢雇用継続給付金」**が給付されます。また、**老齢年金を受けている場合には「在職老齢年金」**を受けられます。ただし、高年齢雇用継続給付を受けている場合は年金額が６％減額される仕組みとなります。

また、**月収と賞与を合わせて算出した平均の月収が28万円を超えると、超えた分の半額が年金からカット**されます。

◎定年後の収入は？

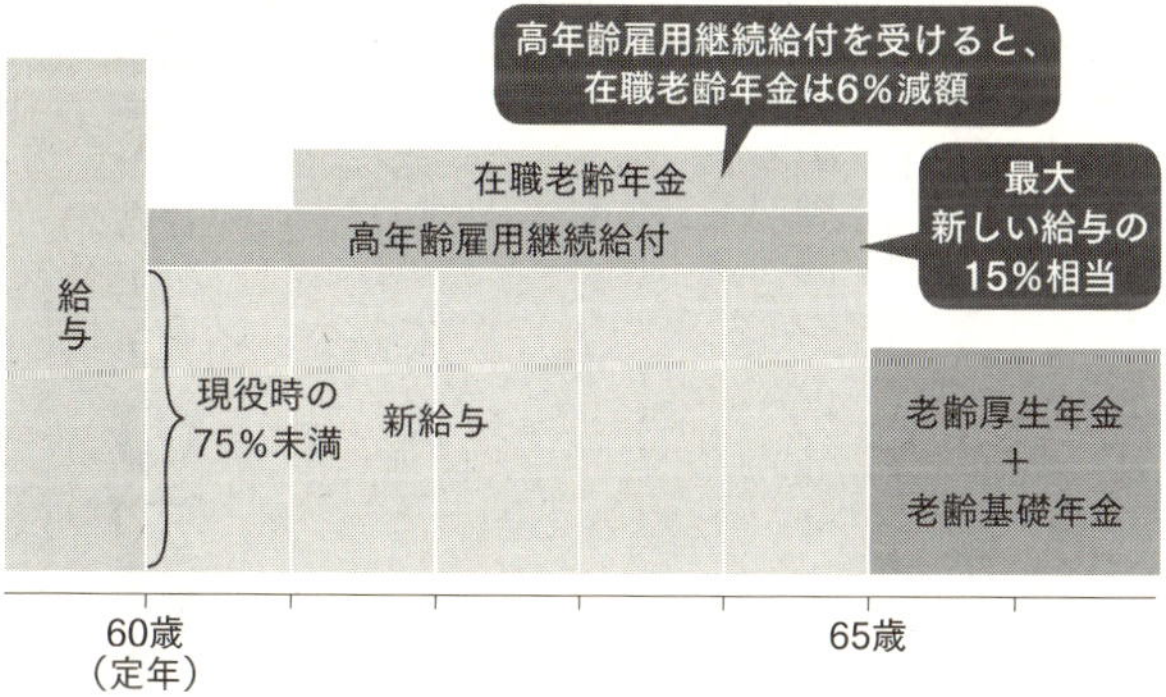

けれど、メリットもあります。**厚生年金保険料を引き続き納めることにもなり、年金の加入年数が増えるので、今後受給する年金額が増える**のです。

60歳を過ぎた後の賃金は、高年齢雇用継続給付金や在職老齢年金、労働により生じる税金や社会保険料などを計算し、給与額は高くないけれど、手取りは高くなるように計算して設定します。

これを**「最適賃金」**と呼びます。

最適賃金は、インターネットで検索すると、モデルケースが公開されています。賃金を高く設定すると、かえって手取りが低くなる場合もあるので、事前によく調べましょう。

50代からの「就活」のススメ

「リタイアしてから働け、と言ったって、働き口なんてそうそうないよ」と思われる方もいらっしゃるかもしれませんが、意外とさまざまな場所にその間口は開かれていています。

リタイアしてからいきなり「ハローワーク」で職を探すと「自分にはこんな仕事しかないのか」と悲しい気持ちになることも多いといいます。けれど、事前に自分の周囲の人にリサーチしてみたら、意外と自分に合った仕事、自分がやってみたかった仕事と出会えるかもしれません。定年前の、**50代のうちから、「就活」してみてはいかがでしょう。**あなたがこれまでにやってきたことは、今まで働いてきた業界以外でも役立つかもしれません。

たとえば、ベビー用品の小売店西松屋では、平均年齢57歳のエンジニアを62

人中途採用したといいます。58歳のあるエンジニアは、大手電機メーカーから早期退職後、西松屋でベビーカーの開発に携わり、累計販売台数10万台を超えるヒット商品を生み出したそうです。

また、徳島県にある「いろどり」という会社は、料亭などで料理を飾るきれいな葉っぱや花などを栽培、出荷、販売している「つまもの（葉っぱ）ビジネス」で年間5億円の売り上げをあげていますが、この会社の社員の平均年齢は70歳。年収1000万円を稼ぐおばあちゃんもいるそうです。

そのほか、中小企業庁が2014年4月に実施された消費税増税にあわせ、下請けの業者などに消費税分を値下げさせたり、買いたたいたりすることがないよう、「消費税転嫁対策特別措置法」という法案をスタートさせましたが、その調査は各業界のOBの方たちが行ったといいます。値下げや買いたたきの方法が、その業界ならではの巧妙なやり口であるため、その道のベテランでないとわからないから、というのがその理由だそうです。

また、ちょっと身近な例でいえば、私の母親は現在82歳ですが、いまだに不定期ながら働いています。以前勤めていたおそば屋さんから「今口、アルバイトが休んでしまって人手が足りないから来てくれない?」と頼まれると、手伝いに行ったりしています。また、たまに私のオフィスの掃除も頼んでいます。毎日同じ時間に同じ場所に通って働く、というのは、体力的にもすでに辛いので難しいでしょう。でも、単発で頼まれたら働きに行く、という案件をいくつか持っていると、ちょっとしたお小遣いくらいは得ることができるはずです。それに、人と接することで社会との接点も持て、いい刺激にもなりますし、ボケ防止になると思うのです。

リタイア後に何百万円も費やしていきなり起業、というのは、リスクもけっこう大きいものです。それより、元手のかからない雇われ仕事をして、まずはこれからの生活費の不足分を補う、というところからはじめてみてはいかがでしょうか。

Sさん(68歳・女性)は、何千万円もの貯蓄があります。けれど、今も呼ばれれば施設の清掃の仕事なども進んで行っています。70歳になったら、長期間休んで旅行をする夢をお持ちです。「長生きする予定だから収入が必要」という理由から働いているのです。また、投資もローリスクな投資信託や金・プラチナを中心に、資産を着々と形成しています。リスクが考えられるFXや株の個別銘柄などには一切手を出していません。

「長生きすればお金がかかる」という本質をわかっている方は、そこに向けてのお金を一気にがっぽり儲けようとするのではなく、少しずつ着実に積み重ねていこう、と考えているのです。

Oさん（64歳・男性）は不動産投資を何軒もやっていて、マンションの大家さんでもあるので、特に働かなくても家賃収入を得ることができています。けれど、毎日、駅前のスーパーで駐車場の誘導のアルバイトをして、定期的な収入を得ているといいます。きっと「お金を稼ぎたいから」というよりも、生きるための「張り合い」を得ているのでしょう。そして、この「働いているのだ」という感覚が、人をいつまでも若く保ち続けてくれるのではないでしょうか。

いつまでも元気で若く健康でいられれば、病院にかからなくてもいいし、薬に頼る必要もない。つまり、医療費や入院費などの費用がかからずに済みます。余分な支出をしたくないなら、いつまでも健康でいること。そのためにも、**働き続けるということは、収入を得られるだけでなく、「元気を保つ」という意味でも大切**なことのような気がします。

Rさん（58歳・女性）は、お孫さんが生まれるのを機に、通信教育を利用して、「保育士」の資格を取得したといいます。資格を取るために勉強して得た知識は、今後お孫さんのお世話をするのにも役立つはずです。また、学童保育やベビーシッターなどの仕事を得るチャンスもできて、まさに一石二鳥といえるでしょう。

このように、**年齢を重ねても、やれる仕事はある**のです。これまでのように目いっぱい働いてがつがつ稼ぐ必要はないでしょう。**体力に無理のない範囲で、自分の生活スタイルに合った仕事をちょこちょことやっていく**のが老後の賢い働き方ではないでしょうか。

たとえば、レース編みが上手な人でしたら、レース編みを教えるとか、書道を続けてきた人でしたら、子ども向けに書道教室をやったりしてもいいかもしれません。

以前から手先が器用だったMさん（63歳・男性）は、リタイアした後、通信教育で「建築模型」を学びはじめました。講座を一通り終了してからは、自分の家の近所にあるちょっときれいなお宅に「100の1の家の模型をつくりませんか?」と営業し、材料費等の実費で請け負うようになりました。今では、県の文化財の建物などをつくり、図書館などに寄贈して作品が飾られていると いいます。また、そのことが話題になって新聞に載ったり、ラジオ出演が舞い込んで来たりもしているそうです。お金儲けにはなっていませんが、材料費をまかなっている、という意味ではマイナスにはなっていません。このように**「手持ちの資金を極力減らさない」ようにすることが大切**なのです。

ちなみに、Mさんはこの趣味を通じて、新聞やラジオといったメディアから注目を浴びることになりました。そして、これが「やりがい」「生きがい」にも大きくつながっているようです。このように、今までやってきたことやできることのほかに、得意としているものを活かす、というのは非常に大事なことなのです。

各企業や自治体などでは、次のようなサービスがありますので、興味があるものにチャレンジしてみてもいいかもしれません。

◆ファミリーサポートセンター

一般財団法人女性労働協会が行う「ファミリーサポートセンター」制度では、日本全国にあるファミリーサポートセンターに「支援会員」として登録しておくと、働きながら育児や家事を頑張る方のサポートとして、保育園までの送迎や、学校の放課後や学童保育の後に子どもを預かる、冠婚葬祭、買い物などの外出の際に子どもを預かる、といった仕事を受けることができます（時給制）。

http://www.jaaww.or.jp/service/family_support/

◆シルバー人材センター

公益社団法人全国シルバー人材センター事業協会では、リタイア後でもできる仕事をあっせんしています（有償、無償あり）。

http://www.zsjc.or.jp/about/about_02.html

◆「ありのママ」採用

子育てが一段落し、社会復帰したいと望む女性に対し、家事や育児という経験やスキルを積極的に活用する「ありのママ」採用を行う企業も増えてきています。

◆内職相談・あっせん

東京23区の各区をはじめとする都道府県では、区や県内在住の方を対象に、専門の相談員が相談に乗ってくれたり、登録制で内職のあっせんをしてくれたりします。

◆児童指導員(放課後児童指導員、学童保育指導員)

小学生の子どもを学校や児童館で預かる放課後児童クラブ（学童保育）の指導員の求人は比較的年齢が高かったりします。必要な資格は地域や施設によって異なります。

介護が必要となる前にやっておくべきこと

今は元気に活動されている方も、自分が介護される側にならないとも限りません。「いざ」という時にお子さんや周りの方があたふたすることのないよう、今のうちにやっておいたほうがよいことを3つご紹介したいと思います。

・民間の介護保険への加入検討

これは特にシングルの方にお伝えしていることです。通常は、月々のお金がけっこうかかるので、入らない方も多い保険ですが、シングルの方の場合には加入をお勧めしています。自分の場合、もしもの際にどうなるかを一度見据え、加入すべきかを検討してみてください。老後、痴呆や病気、不意のケガなど、なにかあった時に助けになるものです。

・保険証券、印鑑、通帳の置き場をはっきりさせる

たとえば、施設に加入するなど、大きなお金が動く場合や、認知症を患った場合等、周りが速やかに相続できるよう、生命保険の証券や銀行の預金通帳、印鑑などの場所は、信頼できる身内などにある程度教えておいたほうがいいでしょう。

・「万が一」の時について、一度家族会議を開いておく

70歳など節目の時になったら、自分の「万が一」の時についての話を家族でオープンにしておいたほうがいいでしょう。

たとえば、自分が介護を必要とする際には、自宅を希望するのか施設に入りたいのか？　入院の際、延命治療はするか？　臓器提供は希望するか？　最期の時はどうしたいか？　友人や知人を呼ぶ「一般葬」にするのか、それとも家族や親戚のみで執《と》り行う「家族葬」にするのか？　宗教は？　葬儀を行う場所は？　埋葬や散骨は？　戒名は？　……などをきちんと家族に話し、情報共有するのです。

親の介護の際に忘れないでほしいこと

もし親御さんなどを介護する側になった場合、やっておいたほうがいいことがあります。

先にもお話ししましたが、介護というのは時間もお金も、そして労力もかかるものです。しかし一方で、ほかの兄弟と相続の話になった際に、その努力はなかなか認められにくいものでもあります。「自分の親なのだから、世話をするのは当たり前だろう」「お金目当てで世話をしていたのか？」などと言われ、あくまでも相続はほかの兄弟と平等に、という話になりがちです。

けれど、**親の介護をすることによって仕事をする時間は減り、結果としてもらえる給料が減ってしまうことも多いので、減額した分はきちんと請求してしかるべき**だと私は思います。

ある方はパートとして働いていましたが、介護をすることによって働ける時間が減り、収入も減りました。そこで、**介護によって働けなくなったことによる給料の減額分や、実際にオムツを買った費用、病院に連れて行く際にかかった交通費など、介護にかかった費用を逐一記録**しておいてもらったのです。それは、「介護にかかった実費はもらうけれども、相続分はあくまでもほかの兄弟たちと平等ですよ」という証明にもなりました。

きちんと数字を明記しておくことにより、ほかの兄弟からも「介護しているからといって余分に相続するなんてずるい」といった非難を浴びることもなかったといいます。

このように、自分が介護をする側に立った時には、きちんとかかった費用を明記しておきましょう。それがトラブル回避につながることもあるのです。

「不動産＝資産」ではない

「不動産」を買いさえすれば、すべて「資産」になると思われる方も多いかもしれませんが、それはバブル時代の話です。

基本的に**不動産は「リスク資産」**です。ですから、持っていればいい、というものでは決してありません。

たとえば、3000万円で買った物件があったとして、それを売った時に3000万円になれば「資産」ですが、3000万円を下回るようなことがあれば、それはすでに「資産」ではありません。それは「負債」になります。

また、頭金を入れないで不動産を購入したとしたら、借金を背負ったことと変わりはありません。特に、ある程度年齢を経てから不動産を購入する場合には、特に注意が必要です。できるだけ頭金を入れて購入し、いつ売却する場合にも「これは資産です」と言える状態にしておく必要があるでしょう。

5章

いい「最期」を迎えるために

死んだ時に、あなたの人生がすべてさらされる

死んだあとにこそ、自分の「評価」が決まるのではないか、と私は思います。というのも、亡くなった時に、これまで秘密にしたり、隠したりしてきた自分の人生のいろいろな情報がすべて公開されて、これまでどういう生き方をしてきたのかが、白日のもとにさらされるからです。

たとえば、「借金」だとか「女性関係」などもそのひとつですね。先にも少しお話ししましたが、亡くなったあとに実はいわゆる「マチキン」と言われるところに莫大《ばくだい》な借金を抱えていたことが判明したり、「隠し子」がいたことがわかったりすることも意外とあります。「そんな人だとは思いもしなかった！」と周りの人を愕然《がくぜん》とさせるパターンです。

そこまで大きな話ではありませんが、パソコンの検索履歴などもそうです。

「いつも難しい顔をしてパソコンに向かっていたと思ったら、こんな画像を検索していたのか！」などと言われてしまわないよう、気をつけることが必要です。私も自分の死後に、「お父さんったら……！」とあきれられることのないよう気をつけなければ、と思っています（笑）。

また、借金はなかったとしても、お金の使い方などもすべてわかってしまいます。クレジットカードを使って買い物をしていた場合、支払い金額分のお金が銀行などの金融機関に入金されていないと引き落としが滞ってしまいます。すると、カード会社などから支払いの催促状が送られてくるでしょう。

それが1、2枚ならまだいいですが、7カ所、8カ所からはがきが届いたら、どうでしょう？　さらに、その請求額が5万、10万円程度ではなく、総額が100万円近くにのぼっていることがわかったら？　それらを自分以外の誰かに見られてしまうわけです。

「あの人、こんなに借金があったなんて……」「クレジットカードで買い物しまくっていたなんて、知らなかった……」と絶句されるかもしれません。このような事態を目にすると、お金にルーズだ、とか、お金にだらしない、といった印象を与えてしまうのではないでしょうか。亡くなってからそのような評価が下されるのは、ちょっと恥ずかしい気がしませんか？

生きているうちは、自分の都合の悪いことはすべて封印して隠しておけますが、亡くなってしまうとそういうわけにはいきません。

そういう意味でも、**借金は生前に「ゼロ」にしておくのはもちろんのこと、死んだ時に支払いが滞ってしまうことのないように、毎月引き落とし額と引き落とし先の金融機関への入金はせめて帳尻を合わせておく**、というのが、死ぬまでにやっておくべきことのひとつではないでしょうか。

そしてクリアな身体であの世へ行く、最期まで家族に迷惑をかけない、というのが、人間の生き方として必要なことだと思います。

亡くなってからこそ、自分の「評価」は上げたいもの

先に「死んだ時に自分の評価は決まる」とお話ししましたが、どうせだったら、**「あー、あの人はなんだかんだ言ってもいい人だったね」「実はすごい人だったね」**と言われたいとは思いませんか。そのために一番効果的なのは、亡くなってからの相続の仕方、財産の振り分け方を生前からしっかり決めておくことだと思います。

ある方のおじいさんの話です。おじいさんが亡くなって葬儀が行われ、親戚一同でおじいさんの生家に戻ってきたところ、なぜこんなところに？と思われる場所に貯金通帳が転がっていたのだそうです。そして、その貯金額を見たところ、葬儀会社から提出された見積もり金額とまったく同じ金額だったといいます。遺《のこ》された親戚はそれを見て本当にびっくりするとともに、「おじいさ

ん、やるなあ」「あの人はやっぱりすごかった」という話になり、おじいさんの株は一気に上がったといいます。

また、ある方は97歳の未亡人でお子さんがいらっしゃいませんでしたが、きちんと財産管理をされていました。晩年、老人ホームに入られましたが、成年後見制度を利用して遺言書を作成し、「誰にいくら渡してほしい。これは○○さんに、これは△△さんにあげること。かつ、余った分がもしあればすべて区に寄付してください」と言い遺して亡くなられました。**「成年後見制度」というのは、認知症などの理由で判断能力が不十分な方の不動産や預貯金の財産等の権利を保護する制度**です。遺言書で財産の振り分けをきちんと示しておいたおかげで、トラブルが起こることもなく、相続もスムーズにいった、といいます。周囲の方も「あのおばあさんは最後まできちんとされていたね」としみじみおっしゃっていました。

このように、身辺をすっきりさせて亡くなるというのは、「立つ鳥跡を濁さず」ではありませんが、その人の「生きざま」を表わしているようにも思います。私には5人の娘とひとりの息子がいますが、死んだあとに子どもたちになにか言われることのないよう、**財産や貯蓄からパソコンのパスワードまで、自分の身のまわりのことについてはすべてオープンにしています。**そして、これからもずっとオープンにし続けていこうと思っています。恥じることのないよう生きていこうと考えているのです。

とはいえ、おそらく子どもたち、特に娘たちには、私の死後、あれこれ厳しく言われるのでしょうね。なかば恐れ、なかばあきらめてもいます（笑）。

死ぬまでに準備しておきたい5つのこと

残念ながら、自分がいつ死ぬのか、ということは誰にもわかりません。もしかすると、旅立ちは明日やってくるかもしれないし、30年後かもしれない。もし自分の死ぬ時期がわかっていたら、その「Xデー」に向けて、キレイにお金がなくなるようにやりくりすればいいから楽でいいのでしょうけれど、なかなかそういうわけにもいかないのが現実です。Xデーがいつだかわからないから、みんな、平均寿命を参考にしながら、心配ばかりが先に立ってしまうのですね。そして、時にはお金を貯め込む一方で、使うより先に亡くなってしまうということも。お金が残ってしまうと、それはそれで問題になることもあります。実際、「え、あの方が⁉」と思うような人が50代とかで突然亡くなられることも多いように思います。本当に人の寿命は予測できないものです。

となると、やはり50歳を過ぎたら、「いざ！　という時」のために準備をしておいたほうがいいように思います。特にお金関係のものに関しては、以下の用意をしておくと、突然倒れたりした時などにも慌てることがなくていいでしょう。

・実印の場所
・銀行の暗証番号
・保険証書の場所（どのような保険に加入しているか。加入先の保険会社だけでも）
・ネットのパスワード
・緊急時に連絡してほしい人の名前と連絡先（友達や仕事の取引先など）

私はスケジュールをすべてGoogleカレンダーに入れていますが、それらのパスワードは、いつでも開けるようすべて妻に知らせています。

「やりたいことノート」のススメ

自分のやりたいことを洗いざらい書くノートがあってもいいのかな、と思っています。それらはすべて「お金」がかかわってくることなので、もしわかれば概算でいいので、それを行うにはいくらくらいかかるのか？　それを行うことでいくらくらい入ってくるのか？　なども書き加えておくといいでしょう。

たとえば、

・やりたいこと（「そば打ちをはじめたい」）
・行ってみたいところ（わかれば費用の概算も）（「○○に旅行に行きたい。約△万円」）
・買いたいもの（柔軟剤○個など、在庫数を書いておくのもよい）
・ほしいもの

・会いたい人（会っておきたい人、一度は会いたい人など）
・暮らしてみたい場所
・現時点での貯金額「2０○○年□月時点で預金が○○万円」
・株をやっている人なら証券会社とその金額「○○証券に△△万円」
・貯金の目標「3カ月で○○万円」
・お金になりそうな仕事

などを思うままに書いてみるのです。形式も書式も一切自由。ここでは「書き出してみる」という行為が大切です。

私のお客様にも、家計簿の余白に「3カ月でいくら貯める」とか「お金を貯めたら何をしたい」といった目標や夢を自由に書いてもらっているのですが、特に50代以上の方はこの欄にたくさん書いてくださっています。

私自身もやりたいこと、やらなければいけないこと、それから別にやらなくてもいいことまで（笑）、時間がある時にあれこれノートに書き出しています。

これをすべてやり遂げることは到底できないのですが、書いてみるだけで、なんとなくやれる気がして、気持ちも軽くなるのです。

書かないでいると、「あー、あれもやらなきゃ！　これもやらなきゃ！」と思い出しては焦ったり、不安になったりするのですが、すべて書き出してあると気持ちが落ち着く気がします。精神衛生上もいいので、これを習慣にしています。

「エンディングノート」をつけてみる

先の「やりたいことノート」とかぶるところもありますが、「エンディングノート」をつけておくのも、老後を安らかに過ごすためには必要なことかもしれません。

たとえば、以下のようなことを記しておくと、遺された家族の役に立つでしょう。

・通帳の場所
・印鑑の場所
・生命保険の加入先
・会員権（ゴルフ、リゾートマンション等）

・パスワード（ネット銀行、ネット証券などをやっている場合）
・葬儀の希望
―家族葬（家族や親族などの身内のみで行う）がいいのか一般葬（友人や知人も招いて）がいいのか
―宗教（仏教、神道、キリスト教、無宗教、その他）
―場所（葬儀会館〈民営・公営〉、火葬場併設の斎場、寺院斎場、自宅、集会場など）
―葬儀方法（お通夜を行なわず告別式のみの「一日葬」、遺体を自宅や病院から直接火葬場に運ぶ「直葬」など）
・埋葬の希望（海に散骨、墓石の代わりに花や樹木を植える「樹木葬」など）
・遺品の振り分け（貴金属はこうしてほしい、着物は……など）
・財産がどこにどのくらいあるか（銀行、証券など）
・介護が必要になった時
―どこがいいか？（自宅、老人ホームなどの施設、その他）
―誰に面倒を見てほしいか？（子ども、パートナー、その他）
―そのための費用があるか（貯金、医療保険、介護保険、その他）

・病気になった時
—延命治療
—緩和ケア
—死亡時の献体
—臓器提供
—どこで最期を迎えたいか
・友達や家族へのメッセージ
・自分の死亡を知らせてほしい友人・知人リスト
・遺影に使ってほしい写真
・お棺に入れてほしいもの

これらはすべてあなたに万が一のことが起こり、自分の意思を伝えられなくなった際に非常に役立ちます。あなたの希望に近い形で介護や葬儀を行ってもらえるでしょう。そのためにも、今のうちから自分の思いを言葉に残しておく、ということは大切だと思います。

財産はなくとも「遺言書」は残しましょう

どんな方でも、いざという時のためには、「遺言書」は書いておいたほうがいい、と私は思います。「うちは遺言に書くほどの財産もないし、必要がないのでは?」という方でも、いや、それほど財産がなければなおさら遺言書はあったほうがいいでしょう。

というのも、**相続争いになりやすいのは、財産がある家庭よりもむしろ財産がない家庭のほうが多い**からです。親が亡くなったあと、相続人の間で遺産の分割でもめ、決着がつかずに家庭裁判所に事件として持ち込まれるケースは年々増えています。**遺産額別にその件数を見てみると、もっとももめているのが、遺産額5000万円以下**の場合、次いで1000万円以下となっていて、これだけで**全体の3分の2近く**を占めています。逆に5億円以上遺産がある場合にはほとんど事件になっていません。おそらく、財産がある方というのは、事前の策を取られているので、亡くなってももめるようなことは少ないのでしょう。逆に、遺されたものがないから、数少ないものをめぐってかえって取り合いになるのです。

こんな話も聞いています。あるご年配の女性が小さな雑貨屋を細々と営んでいらっしゃいました。ある日、お店の軒先の道ではき掃除をしていたところ、不幸にもよそ見運転をしていた自動車にひかれて、突然亡くなってしまったのです。その方にはもともと財産と呼べるようなものはほとんどありませんでしたが、そこに突然何千万円という「損害賠償」が舞い込みました。亡くなられた女性には子どもが4人いましたが、突然転がり込んできた大金を前に、それをどのように分割するかで、もめにもめました。かわいそうな話ですが、お母さんの死などそっちのけです。やはり、人は一度にまとまったお金を目の前にすると、欲が出て、自己中心的になってしまうのでしょう。

また、相続でもめて財産を処分できず遺産分割が確定しないと、**相続税法の最大の特典である「小規模宅地等の特例」と「配偶者の税額軽減」**が受けられません。そして、これが活用できないと、相続税が高くなってしまうことにもつながります（「小規模宅地等の特例」と「配偶者の税額軽減」についてはのちほどご紹介します）。

そのような争いを避け、円滑な相続を行うためにも、「遺言書」はぜひとも必要です。遺言書には法的な拘束力があるので、きちんと意思が引き継がれます。また、本来は相続の権利がない人（たとえば、自分の面倒を見てくれたお嫁さんなど）に財産を分けたい場合、その旨を遺言書にきちんと明記しておけば、それもかないます。

どの「遺言書」を書きますか？

遺言書には「自筆証書遺言」「公正証書遺言」「秘密証書遺言」の3種類あります。以下に、その特徴をご紹介します。

・自筆証書遺言

これは、遺言者が内容を全文自筆でしたため、日付、署名、押印をし、自分で管理します。立会人も不要。費用もほとんどかからず、自分ひとりでできるという点が手軽です。ただし、日付が抜けていたなどの「モレ」や不備があったりすると無効になってしまう恐れがあります。また、自分で管理することから紛失や隠ぺい、改ざんされることもあるので注意が必要です。

相続時には遺言書を家庭裁判所に提出し、検認を受ける必要があります。

・公正証書遺言

これは、遺言者が公証役場に行き、2名の証人立ち会いのもと、公証人が遺言の内容を遺言者から聞いて記述し、遺言者、証人、公証人が署名、押印します。遺言書は原則として20年間公証役場に保管されるので、紛失や隠ぺい、改ざんの恐れはありません。ただし、作成するのに費用がかかるのと、必要書類や証人の手配などの手間はかかります。公正証書遺言は、相続時に家庭裁判所の検認が必要ないので、相続の手続きがスムーズに行なえます。

検認……相続人に対し、遺言の存在およびその内容を知らせるとともに、遺言書の形状、加除訂正の状態、日付、署名など、検認の日現在における遺言書の内容を明確にして、遺言書の偽造・変造を防止するための手続（裁判所ホームページより）。

・秘密証書遺言

自分で作成した遺言書を公証役場に持って行き、内容は秘密にした状態で公証人らと署名、押印したうえで「本人記載の遺言書」であることを証明してもらいます。遺言書は自筆である必要はなく、ワープロでも代筆でも可能です。手数料は定額で1万1000円。公証人によってその存在がきちんと証明されているので、自筆証書遺言のように偽造を疑われることはありませんが、公証役場では保管してもらえません。また、相続時には遺言書を家庭裁判所に提出し、検認を受ける必要があります。

自筆証書遺言と秘密証書遺言の場合には、遺言者の死亡がわかったら、遺言書の保管者か遺言書を発見した相続人は、すぐに遺言書を家庭裁判所に提出し、検認を申し立てます。遺言書が封印されている場合には、家庭裁判所で開封することになります。そこで遺言書の内容が明らかになるというわけです。

申立先は遺言者の最後の住所地にある家庭裁判所。申し立てには遺言書1通につき収入印紙800円分と連絡用の郵便切手、申立書、遺言者の出生時から死亡時までのすべての戸籍（除籍、改製原戸籍）謄本、相続人全員の戸籍謄本、遺言者の子ども（およびその代襲者）で死亡している方がいる場合、その子（およびその代襲者）の出生時から死亡時までのすべての戸籍（除籍、改製原戸籍）謄本などです。

検認後、遺言通りに事を運ぶためには「検認済証明書」を申請し、発行してもらいます。

相続時に遺言書の内容を確実に実現させたいという方は、公正証書遺言を残しておくことをお勧めします。

◎遺言書の種類と特徴

	自筆証書遺言	公正証書遺言	秘密証書遺言
手軽さ	★★★	★	★★
特徴	本人が全文、日付、氏名をすべて自筆で記入し、押印。ワープロ、代筆不可	公証役場で証人の立ち会いの下、遺言の内容を公証人に後述し、公証人が遺言を作成	本人が遺言をつくり封印、公証人らとともに本人が書いた遺言書であることを証明する手続きをする
費用	ほとんどかからない	●公証役場の手数料が相続財産額に応じて発生。 ●証人を専門家に依頼する場合は、別途報酬が必要	●公証役場の手数料1万1000円(定額) ●証人を専門家に依頼する場合は別途報酬が必要
証人(立会人)	不要	2人以上必要	2人以上必要
検認手続き	必要	不要	必要
メリット	●自由につくれて、作り直すのも簡単 ●費用がほとんどかからない ●証人不要	●公証人が作成するので、内容が明確。無効になる恐れがない ●紛失や隠ぺい、改ざんの恐れがない ●検認不要	●遺言があることは明かしながらも内容は秘密にできる ●偽造を疑われることはない
デメリット	●書き方を間違えると、遺言が無効になることもある ●偽造、変造の危険がある ●紛失や隠ぺい、改ざんの可能性がある ●検認が必要	●費用が一番高い ●書類や証人が必要 ●遺言や内容を秘密にできない	●多少費用がかかる ●証人・検認が必要 ●公証役場では保管してもらえない

遺言書を書く際に気をつけたいこと

自筆証書遺言の場合、遺言者がすべて「自筆」で作成することが鉄則です。ワープロで作成したり、代筆を頼んだりすると無効になります。

そのほか、自筆証書遺言を作成する場合には、次の点に注意しましょう。

1．作成年月日、署名、押印を忘れずに！

作成年月日、署名、押印、この3点のうちひとつでも忘れると、遺言書は法的に「無効」になってしまいます。

作成した日付は、必ず「○○年○月○日」と書きましょう（西暦、和暦どちらでも可能）。以前、日付の箇所を「○月吉日」と書いてアウトになった方もいらっしゃいます（○月末日は口にちが限定されるからＯＫ）。押印は認印や三文判でも可能ですが、偽造防止のためには実印のほうがいいでしょう。封筒に印鑑証明を同封しておくと、手続きがスムーズになります。

2．筆記用具は修正できないものを使いましょう

遺言書を書く際、筆記用具や用紙には特に規定はありません。どのような紙質、サイズ、色の紙に書いても大丈夫です。ただ、あとで改ざんされるリスクを考えると、鉛筆やシャープペンシルは避け、ボールペン、万年筆、毛筆など、修正できない筆記用具を使用しましょう。

3．相続の内容には「あいまいさ」を残さない

あいまいな表現を書き残していると、相続時に解釈の違いから争いが起こることにもなりかねません。誰が見ても同じ解釈となるよう、なるべく具体的

に、人物に関しては本人が特定できるように書きましょう。

例：

×　○○銀行のものは妻に相続させる

○　○○銀行○○支店普通12345678の遺言者名義の預金は、すべて妻A子（○○年○月○日生まれ）に相続させる

×　土地はAに相続させる

○　東京都○○区○○町1－2－3に所在する土地をA（○○年○月○日）に相続させる

×　土地をAとBとCに相続させる

○　東京都○○区○○町1－2－3に所在する土地のうち、2分の1をAに、4分の1ずつをそれぞれBとCに相続させる

4．訂正する場合には、正しいやり方で

自筆証書遺言の内容を訂正する場合には、法律によって訂正方法が決められています。その通りに訂正されていない場合には、その訂正は無効となり、訂正されなかったものとみなされてしまいます。

訂正方法は次の点を間違えずに行いましょう。

① 訂正箇所を、訂正する前の文字が読めるよう二重線で消し、その近くに正しい文言を記載する
② 訂正した箇所に、訂正印を押す
③ 訂正箇所について欄外の空白に「○行目、○字削除、○字加入、署名」と記載する

そのほか、もし借金がある場合には、どこに、いくらほどあるのかも明記しておきましょう。また、忘れている財産があるかどうか不安な場合には、「そ

れ以外の財産についてはすべてAに相続させる」という一文を残しておくといいでしょう。

6章

忘れてはいけない「相続」の話

多くの家で「相続時」にもめること

はっきり言って、相続時にトラブルはつきものです。**家庭裁判所に持ち込まれる相談のうち、もっとも多いのが「相続関係」**というデータもあります。まさに骨肉の争いですね。そして、その件数は年々増えています。**1975年には、遺産分割による事件は約5000件だったのが、2012年にはその3倍の約1万5000件**にものぼっているのです。そう考えると、少しでももめ事をなくすためには、亡くなる前の「事前準備」がいかに大切かということもわかるでしょう。

相続をする際に一番もめるのは、やはり「不動産」でしょう。不動産の評価額というのは、業者によってもまったく異なります。そして、不動産を「もらう側」と「もらわない側」とで、不動産の評価額を高く見積もってほしい、低く見積もってもらいたい、と、言い分が分かれるのです。たとえば、兄弟2人でお父さんの遺産を相続するとします。そして、お兄さんが不動産をもらい、弟は不動産をもらわない代わりに同等の金額をもらうことに決めました。

お兄さんとしては固定資産税や相続税をできるだけ抑えたいので、不動産の評価額は低く抑えてほしいと考えます。ですが、弟としては、不動産の評価額と同額のものをもらえるわけですから、できるだけ土地の評価額は高く見積もってもらいたいと思うわけです。そこで、双方の思惑が食い違い、なかなか調整がつかない、ということはよくある話です。

あとは、生前にひとりだけ親から多くお金をもらっていた、とか、介護をしていたからその分遺産を多くもらいたい、などのもめ事も多いです。兄弟のうちのひとりが生前親の面倒を見ていたにもかかわらず、ほかの兄弟が「(生前面倒を見ていたかどうかに関係なく)均等に遺産を分けてほしい」と言い出し、介護していた人はおもしろくない思いをした、というような事例はたびたび聞きます。

また、親が生前に住んでいた家を残しておきたい、と考える人と、早く売り払って現金化したい、と考える人との間でもめる場合もよくあります。ある方は、まさにこのパターンで、「家を売らずに残しておきたい」と希望するお兄さんと「なんとしてでも現金がほしい」という弟さんとで相当もめました。結局、お兄さんは不動産を売らずに残す代わりに、見積もり業者に出してもらった土地の評価額の半分を弟さんに支払うことで片をつけたのです。土地を残したお兄さんはそのために借金をしました。

このようなことにならないためにも、特に親の不動産については兄弟で話をしておいたほうがよいでしょう。

「借金」と「隠し子」は隠せません

人には、家族にだって隠しておきたい秘密のひとつや2つはあるでしょう。必死に隠すことを「墓場まで持って行く」といいますが、「借金」と「隠し子」だけは自分が死んだあとまで持って行って、「なかったこと」にすることはできません。絶対にバレます。

そして、こっそりと「借金」をしている方も、実はけっこういます。

Yさんは幸い死には至りませんでしたが、ある時、不幸にも趣味のバイクに乗っている時に大事故を起こして、生死をさまようほどの大ケガをしてしまいました。救急車で運ばれ、そのまま手術。結局、3カ月ほど入院する羽目になりました。

ところが、その際に借金をしていたことが家の人にバレてしまったのです。

誰にも言わず、こっそりと消費者金融からお金を借りていましたが、突然の入院によりその支払いが滞ってしまいました。そのことで、複数の消費者金融から家に通知が来て、家の人にも借金が知られるところとなってしまったのです。

同様のことが、亡くなったあとに判明する場合もあります。ある方のお父さんが亡くなって1カ月も経ったころ、消費者金融の会社からお父さん宛てに支払いの請求書が届いた、という例もあります。

そして、借金はともかく「隠し子なんて」と思われる方がいらっしゃるかもしれませんが、これが思いのほかあることなのです。

私は昔、司法書士事務所で働いていたことがあるのですが、そこでも何例か「隠し子」の存在を目にしました。司法書士事務所では相続手続きの手伝いなどをしていました。ある方が亡くなると、その方の戸籍謄本を取り寄せて、過去をさかのぼりながら相続人をすべて洗い出していきます。もし認知した子ども（非嫡出子）がいる場合には、身分事項欄に認知した旨が記載されています。

ただし、その方が結婚や離婚、分籍などをすることで本籍を移動している場合、認知については新しい戸籍に記載されないので、亡くなった方が12～13歳のころくらいまでさかのぼって戸籍を取り寄せて調べるのです。

そのような作業をしている途中で、「隠し子」が見つかったというケースがいくつかありました。こちらとしては非常に言いにくいのですけれど、遺された身内の方にはきちんとお伝えするしかありませんね。家庭裁判所などもそのあたりはしっかり調べるので、隠しようがありません。

ほかには、葬儀の時に突然見知らぬ女性がやってきて隠し子の存在を知ったという例もあります。遺された方は「これまで一度も会っていない」とか「そんな事実は知らない」と訴えたりしますが、亡くなった方が子どもとして認知している以上は、相続人のひとりになります。そして、相続人全員の了承がないと相続が完了しない場合もあるので、その隠し子がどこにいるのかもわからない場合には手続きが進みません。

通常、遺産相続は妻が2分の1で、子どもが残り2分の1を均等に配分するよう、決められています。そして、遺言書がない限り、隠し子もほかの子どもと同じ分だけ相続を受ける権利があります。それをほかの人たちが納得すればいいですが、それとは異なる配分にしたいという場合があります。そのような場合には、相続人全員で「遺産分割協議書」を作成しないといけないのです。もしひとりでも行方不明で連絡が取れない、了解が取れない、となると、その先の手続きが進みません。

このように、遺された人に迷惑をかけないためにも、特に借金と子どもの存在については、できれば事前に伝えておいたほうがいいでしょう。もし、面と向かっては言いにくいということでしたら、少なくとも遺言書やエンディングノートなどにきちんと明記しておきましょう。

相続税対策に「生命保険」を使え

持ち家が2つも3つもある場合には、複数いる子どもたちに1軒ずつ遺産として与えれば事足りますが、持っている不動産は自分が住んでいる家ひとつのみというケースも多いのではないでしょうか。

そのような場合、相続税対策に**「生命保険」を利用するのもひとつの手**です。たとえば、兄が不動産を継ぐ場合、保険金も受け取って、家の価値の半分のお金を代償分割（特定の相続人が財産を相続する代わりに、ほかの相続人に金銭を支払う方法）として支払い、トラブルを回避する方法があります。

このように生命保険には、自分に病気やケガなど、万が一のことが起こった際の「保障」や、財産が多い時の相続税対策として活用できるほかに、特定の人に「遺産」として残す使い方も考えられます。

相続税対策として「生命保険」を使用する具体的な方法は2つあります。

ひとつは、自分が契約者、被保険者（保険の保障を受ける人）である生命保険の死亡保険金の受取人を、奥さんや子どもなどの相続人にする方法です。**保険金は「みなし相続財産」として相続税の課税対象になりますが、法定相続人ひとりにつき、500万円までの非課税枠がある**ので、現金だけで遺すよりも相続税の対象となる財産を減らせる利点があります。妻と子2人が相続人の場合、基礎控除に加え、1500万円が財産から引かれ、課税されます。

もうひとつは、契約者と受取人は相続人とし、被保険者は自分という方法。保険料は相続人が支払うことになりますが、その資金を贈与税がかからない、年間110万円以内で相続人に渡していきます。相続財産を減らすことができますし、死亡保険金は相続人の一時所得として利益（死亡保険金－支払った保険料）から50万円引いた額に所得税がかかりますが、節税につながる場合が多いです。

このように、生命保険は毎年の節税対策にもなりますが、亡くなった際の相続税対策としても使えます。ただし、これらのことは生前に行っていないとできません。ご自分の生命保険を見直す際に、受取人についても一度見直してみてもいいかもしれませんね。

それが、相続の際に大きな助けになることもあるでしょう。

借金も自動的に相続されるもの？

「相続」の意味を辞書で引くと、**「法律で、人が死亡した場合に、その者と一定の親族関係にある者が財産上の権利・義務を承継すること」**とあります。そして、その「財産」には、その人が生前持っていた現金や不動産などの「プラスの財産」のほかに、生前抱えていた借金などの**「マイナスの財産」**も含まれています。つまり、相続というのは、プラスの財産もマイナスの財産もすべて相続人に受け継がれていくのです。

では、親などの借金も子どもが相続として背負わなければいけないのでしょうか。

答えは**「NO」**です。

もし、借金の連帯保証人として署名、捺印《なついん》をしていた場合には、血縁のあるなしや相続に関係なく、文句なく借金の肩代わりをしなければいけません。事業をやっている親御さんに「ちょっと悪いんだけど、名前貸してくれない？迷惑をかけるようなことはしないから」などと言われて、つい連帯保証人の欄に自分の名前をサインし、ハンコを押してしまって、あとでえらい日にあった、という方の話もよく聞きます。たとえ、親に頼み込まれたとしても、「連帯保証人になることを自分が判断した」と言われたらもうおしまいです。

けれど、連帯保証人になっていなければ、たとえ相続人であったとしても、被相続人の借金を代わりに支払う必要はありません。**相続を「放棄」することが可能**なのです。

金融業者の中には、「あなたは相続人なのですから、お父さんに生前お貸ししたお金は代わりにきちんと払ってもらわないと困りますよ」などと言って、たきつける輩《やから》がいます。けれど、そこでうっかり「そういうものなのか」と納得して、支払いに応じてはいけません。本来支払わなくてもいい借金を、たとえ1000円でも2、3回支払ってしまうと、**「みなし相続」**とか**「みなし連帯保証人」**と言われますが、相続したものとみなされてしまいます。そうなると、それこそ本格的に借金を肩代わりしなければいけないことになってしまうのです。

相続がはじまった場合、相続人には3つの選択肢が与えられます。

1. 被相続人（亡くなった方）の土地の所有権などの権利や借金などの義務をすべて受け継ぐ（単純承認）
2. 被相続人（亡くなった方）の土地の所用権などの権利や借金などの義務を一切受け継がない（相続放棄）
3. 被相続人の借金よりもプラスの財産のほうが多い場合、相続人が相続で得たプラスの財産の範囲内でマイナスの財産を引き継ぐ（限定承認）

つまり、亡くなった方がもしマイナスの財産のほうが多いことがわかった場合には、「相続をすべて放棄する」という選択肢もあるのです。

ただし、この判断は自分が相続人になったことを知ってから3カ月以内に家庭裁判所に「相続放棄申述書」を提出する必要があります。3カ月を過ぎると、プラスの財産もマイナスの財産もすべて相続したとみなされます（ただし、なんらかの正当な理由がある場合には3カ月という期限を延長してもらえることもあります）。

また、相続を放棄する前にはいくつか注意したほうがいいことがあります。

相続を放棄すると、「もともと相続人ではなかった」とみなされるため、ほかの親戚（亡くなった方の親や兄弟）に相続権が移り、その方に連絡がいきます。相続権の移った親戚から「相続を放棄したなんて聞いていないよ」と言われないためにも、相続を放棄する前に自分からその旨話をしておいたほうが、のちのちもめなくていいでしょう。

また、亡くなった方の財産を少しでも処分した場合には、やはりすべて相続したものとみなされ、相続放棄はできなくなりますので、注意しましょう。ただし、生命保険の受取人だった場合、**生命保険の死亡保険金を受け取っても、通常、相続放棄はできます。**ちなみに、亡くなった方の銀行口座からその方の葬式代や生前にかかった入院費を支払うのは、財産の処分には当たりません。

それから、亡くなった方（被相続人）が誰かの連帯保証人になっていた、という場合にも、相続放棄することで、亡くなった方が負っていた連帯保証を引き継ぐ義務はなくなります。亡くなった方が誰かの借金の連帯保証人になっていたことを知らなかった場合、その事実を知らされてから3カ月以内なら相続を放棄することが可能です。「親の借金はお前の借金だ」とばかりに、亡くなった親の借金の返済を迫る人もいますが、連帯保証と相続とは異なりますので、必ずしも支払う必要はありません。ただし、ご自身が亡くなった方の連帯保証人になっていた場合には、たとえ相続を放棄しても、その借金の返済義務は消えません。つまり、亡くなった方の連帯保証人になっている場合には何が何でも借金の肩代わりをしなければなりませんが、単に被相続人と相続人という関係の場合には、相続放棄することで借金の肩代わりをする必要はなくなるのです。

ただし、先にも書きましたが、相続放棄するということは、プラスの財産の相続も放棄することになります。ですから、亡くなった方の総資産がどのくらいあるのか、ということをまずは調べる必要があります。そして、たとえばプラスの財産が500万円、借金が400万円だった場合には相続して、プラスの財産で借金分を返済して100万円分をもらう、ということも可能です。どのくらいの財産があるか、というのは税理士事務所や司法書士事務所でもある程度はわかります。あと、不動産などの固定資産税に関しては、市町村が情報を持っています。銀行でも、生年月日と氏名から、どこの銀行にいくら預金がある、という情報は検索できます。

このような情報を集めて、遺産がプラスとなるのかマイナスになるのか、損得勘定は冷静に行ってみてください。

最近は、「自分は自立しているので、多少のプラスならいりません」と相続放棄される方も意外といらっしゃいます。「余計なものはいらない」「他人に影響されない」という考え方も、ひとつの方法かもしれないな、と私は思いました。日本の相続は、比較的他人に影響を受けにくい制度と言えるでしょう。相続がプラスであってもマイナスであっても、自分で放棄することができますし、亡くなった親や親戚の影響で自分の人生が変わってしまった、ということが少ないです。

人生の整理をしておきましょう

自分が亡くなったあと、遺された人たちがもめたり、争ったりすることがないよう、早いうちからある程度の「準備」をしておくことは誰にとっても大切なことです。

そのひとつが**「遺産分割協議書」**です。

たとえば、ダンナ様と奥さん、子ども2人の4人家族の場合を考えてみましょう。

ダンナ様の名義で土地や建物があるとすると、通常ですと、ダンナ様が亡くなったあとは、不動産の相続は奥さんが2分の1、子どもたちがそれぞれ4分の1ずつということになります。けれど、売却する際などに子ども名義分も入っていると面倒だということもあり、ふつうは奥さんだけの名義にします。そのためには「遺産分割協議書」というものを作成します。

Yさんが所有していたものを、Yさんの死後、H子さんという奥さんと、I男、J太郎という子どもの3人の名義にする、ということはあまりありません。ほとんどの場合、妻のH子さんだけのものにする、という形を取ります。その場合、遺言書に「土地はすべて妻H子に相続する」と書いておけば、H子さんの名義になります。

ただし、60歳を過ぎて、もし次の住み手が決まっていたら、その人の名前を遺言書に書き残しておく、というのもいいと思います。

たとえば、将来的にはI男さんがその土地に住む、ということであれば、I男さんの名義にしておいてもいいでしょう。H子さんがそのまま住み続けていて、名義だけI男さんにする、ということでも特に問題はありません。要は固定資産税を誰が払うか、ということだからです。

遺産分割協議書は、相続人全員分の数だけ作成し、それぞれに相続人が全員署名、押印します。そして、それぞれ各1部ずつ保管することになります。ということはつまり、みんなが集まって書類を作成しないといけないというわけです。相続人がみんな一緒に暮らしている場合や、離れて暮らしていたとしても密に連絡を取っていて、きちんとそれぞれの居場所がわかっている場合には、遺産分割協議書の作成もスムーズにいきます。けれど、たとえば、子どもとは音信不通だったり、実はダンナ様に離婚歴があり、前妻との間に子どもがひとりいるけれど、どこにいるのかわからなかったり、などということがある場合、まずは居場所探しからはじめなければいけないので大変です。遺産分割協議書は相続人全員の合意が必要となりますので、ひとりでも欠けると効力をなさないのです。

実際に、いざ遺産分割協議書を作成しようとしたところ、相続人のうちひとりの行方がわからないために、作業が遅々として進まない、という状況を私は多々目にしてきました。先の例で言えば、次男のJ太郎さんと音信不通で連絡が取れなければ、土地をH子さんひとりの名義にできない、ということです。

そういったことがないように、事前に周囲の人間関係はきちんとしておくことが大切です。これは言ってみれば「人生の整理」とも考えられるのではないでしょうか。

今からはじめたい「相続対策」

2015年1月から相続税と贈与税の税制改正が行われました。

この改正によって、相続税の控除金額が6割ほどに引き下げられ、相続税の課税対象者もこれまでは**100人に4人だったのが、100人に7人と倍近くに増えました。**「うちはそれほど財産もないので、相続税など関係ないわ」と思っていた方でも無関係ではいられない可能性もあります。

相続税の基礎控除はこれまで「5000万円+1000万円×法定相続人の数」でしたが、**「3000万円+600万円×法定相続人の数」**に改定されました。

また、税率もこれまでは10%~50%の6段階だったものが、**10%~55%の8段階に細分化されました。**

たとえば、総資産額が2億円を超える場合には45%、6億円を超える場合に

◎相続税、いくらかかる？

基礎控除

＝3000万円＋600万円×法定相続人数

税率

10〜55％（8段階）
2億以上…税率45％
6億以上…税率55％

は55％の税率が適用されます。

また、贈与税についても、最高税率が50％から55％に上がり、税率も6段階から8段階に変更となりました。

子どもと孫への贈与については、多少優遇措置があり、4500万円以上から税率が55％になりますが、それ以外の人への贈与は3000万円以上から税率が55％になります。

ですから、「相続のことを考えるのはまだ早い」とは思わず、少しでも早く策を講じておいたほうが、いざという時のためにもいいでしょう。

P247から、今からはじめておいたほうがいい相続対策について簡単にご紹介いたします。

◎贈与税の控除

〈子どもや孫への贈与〉

<table>
<tr><th>基礎控除後の課税価格</th><th>税率</th><th>控除額</th></tr>
<tr><td>～200万円</td><td>10%</td><td>0万円</td></tr>
<tr><td>～300万円</td><td rowspan="2">15%</td><td rowspan="2">10万円</td></tr>
<tr><td>～400万円</td></tr>
<tr><td>～600万円</td><td>20%</td><td>30万円</td></tr>
<tr><td>～1,000万円</td><td>30%</td><td>90万円</td></tr>
<tr><td>～1,500万円</td><td>40%</td><td>190万円</td></tr>
<tr><td>～3,000万円</td><td>45%</td><td>265万円</td></tr>
<tr><td>～4,500万円</td><td>50%</td><td>415万円</td></tr>
<tr><td>4,500万円～</td><td>55%</td><td>640万円</td></tr>
</table>

〈上記以外への贈与〉

基礎控除後の課税価格	税率	控除額
～200万円	10%	0万円
～300万円	15%	10万円
～400万円	20%	25万円
～600万円	30%	65万円
～1,000万円	40%	125万円
～1,500万円	45%	175万円
～3,000万円	50%	250万円
3,000万円～	55%	400万円

親が亡くなったら——相続の流れ

では、相続はどのような手順で行われるのでしょう。
ここでは親御さんが亡くなった場合を考えてみたいと思います。

①親が亡くなったら、7日以内に「死亡届」を提出。—死亡者の死亡地、本籍地、または届出人の所在地の市役所、区役所、町村役場に提出

●その間に「遺言書の有無とその内容の確認」「法定相続人とその人数の特定」「遺産の金額の確定、借金の確認」等を行う。

②3カ月以内に遺産を相続するかを決定する—相続放棄、限定承認する場合には、3カ月以内に家庭裁判所に申し出る

③4カ月以内に親の所得税を申告する（準確定申告）—その年の1月1日

から亡くなった日までに確定した所得の金額と税額を計算して申告と納税を行う。

④遺言がある場合には、問題がなければ遺言に従う。遺言がない場合には遺産分割協議（法定相続人同士で話し合う）を行い、遺産分割協議書を作成する

⑤10カ月以内に相続税の申告、納付を行う

このように、亡くなってから10カ月の間にやるべきことは山のようにあります。「うちの親はふたりともまだ元気だから平気だろう。そのうちやろう」と、やっておいたほうがいいことを先送りにしていると、突然「その時」がやってきて焦ることにもなりかねません。残念ながら、人の寿命は、誰にもわかりません。来るべき日に備えて、早めに準備しておくことが大切です。

◎亡くなってからの相続のながれ

親の死亡

↓ 7日以内

死亡届の提出

↓ 3カ月

- 遺言書の有無の確認
- 法定相続人の把握、特定
- 遺言書の内容や金額の確定

相続の決定（相続放棄、限定承認）

↓ 4カ月

親の所得税の申告（準確定申告）

↓ 10カ月

遺産分割

遺言がある場合

- 問題がなければ遺言に従う

遺言がない場合

- 法定相続人同士で話し合い
- 遺産分割協議書の作成

相続税の申告、納付

相続対策その1――

家の評価額が8割減に

相続税の基礎控除が6割に引き下げられた代わりに緩和措置のひとつとして改正され、適用範囲が拡大されたのが、**「小規模宅地等の特例」**です。

これは、一定の条件を満たしていれば、亡くなった方（被相続人）が持っていた自宅や事業用の土地に対し、課税対象額を80％減額することができる制度です。

自宅については、これまで240平方メートルの面積部分が80％減額の対象でしたが、2015年1月1日以後の相続からは、これが330平方メートルまで拡充されました。このことにより、課税評価額を大幅に減らせます。

また、2014年1月1日からは二世帯住宅の方も特例を受けやすくなりました。これまでは、たとえば1階にご両親が住み、2階に長男夫婦が住んだ場合、建物内を内階段でお互い行き来できないと二世帯住宅で「同居」として認められませんでした。けれど、この改正によって、1階と2階を内階段で行き来できない場合でも、二世帯で同居しているとして、この「小規模宅地等の特例」を適用することができるようになりました。

相続対策その２――
「相続時精算課税制度」を利用する

相続時精算課税制度とは、生前贈与のひとつです。通常の贈与税は歴年課税と言い、年額１１０万円以下の贈与は非課税になります。相続時精算課税とは、贈与時には課税されず、相続時に相続税と共に精算するという仕組みで、累計２５００万円までは贈与税がかかりません。

この制度を利用できるのは、

- **財産を贈与する人は、その年の1月1日時点で満60歳以上の親または祖父母**
- **贈与を受ける人は、その年の1月1日において20歳以上の子または孫です。**

贈与される財産の種類、金額、回数は制限がなく、限度額の２５００万円に達するまでは何年にわたっても無税で贈与が可能です。

相続対策その3――妻への住宅等の贈与は2000万円まで無税

贈与税には特例として「配偶者控除」が設けられています。

婚姻期間が20年以上なら、配偶者に住宅または住宅取得資金を贈与する際、2000万円まで贈与税はかかりません。贈与税は基礎控除として110万円まで無税なので、最大2110万円まで無税になるというわけです。

この場合の婚姻期間20年というのは、婚姻届を提出してから贈与される日までの期日になり、「内縁関係」は認められません。つまり、「事実婚」の場合には適用されないのです。

また、この制度が使えるのは同じ配偶者に対して一回限りです。

住宅を贈与された場合には、翌年の3月15日までにその家に住むこと。住宅取得資金を贈与された場合には、翌年の3月15日までに住居を取得して住むことが条件となります。別荘は対象外となります。

贈与税の配偶者控除を申請する際に必要なのは、以下の4つの書類です。

・贈与を受けた日から10日後以降に作成された戸籍謄本または戸籍抄本
・贈与を受けた日から10日後以降に作成された戸籍の附表の写し
・取得した不動産に居住を開始した以降に作成された住民票の写し
・取得した居住用不動産の登記事項証明書

贈与を受けた年の翌年の贈与税の申告期間に、居住地の管轄の税務署に申告します。

参考文献

『35歳からの超貯蓄術』（横山光昭著、朝日新聞出版）
『税金で500万円得する本』（横山光昭監修、宝島社）
『定年後のお金と暮らし2015』（朝日新聞出版編集、朝日新聞出版）
『親と子の相続 生前贈与 葬儀のお金』（日経おとなのOFF編集、日経BP社）
『一個人』2014年1月号（KKベストセラーズ）
裁判所ホームページ
http://www.courts.go.jp/
厚生労働省ホームページ
http://www.mhlw.go.jp/
総務省統計局ホームページ
http://www.stat.go.jp/
財務省ホームページ
http://www.mof.go.jp/

編集協力——柴田恵理
イラスト——宮野耕治

著者紹介
横山光昭（よこやま　みつあき）
北海道出身。家計再生コンサルタント。ファイナンシャルプランナー（FP）。株式会社マイエフピー代表取締役。
お金の使い方そのものを改善する、独自の家計再生プログラムで、これまで8,800人以上の赤字家計を再生した敏腕FP。マンツーマンで行う家計面談のかたわら、書籍・雑誌への執筆、メディア出演や講演も多数。最近は、日本経済新聞の電子版「もうかる家計のつくり方」が好評。家に帰ればかわいい盛りの１男５女の父。
著書に、累計60万部のベストセラーとなった「年収200万円からの貯金生活宣言」シリーズ（ディスカヴァー・トゥエンティワン）、『NHK「あさイチ」お金が貯まる財布のひみつ―不安がなくなる貯金の極意』（新潮社）、『消浪投貯金術』（主婦と生活社）、『お金が貯まる人の思考法―年収の半分を３年で貯める「16.7の法則」』（講談社）、『わが子をお金で苦労させない』（廣済堂出版）、『子どもにお金をかけるのは、やめなさい』（すばる舎）、『「おひとり」を不安0で生き抜く女子貯金』（祥伝社）、『図解でわかるお金が貯まる住宅ローンの返し方』（エクスナレッジ）、『「お金が貯まらない！」が治る本』（PHP文庫）などがあり、雑誌、新聞、TV、ラジオで活躍中。

http://www/myfp.jp/

本書は、書き下ろし作品です。

ＰＨＰ文庫　「貧乏老後」に泣く人、「安心老後」で笑う人

2015年10月21日　第１版第１刷
2015年12月25日　第１版第５刷

著　者　　横山光昭
発行者　　小林成彦
発行所　　株式会社ＰＨＰ研究所
東京本部　〒135-8137 江東区豊洲5-6-52
文庫出版部　☎03-3520-9617(編集)
普及一部　☎03-3520-9630(販売)
京都本部　〒601-8411 京都市南区西九条北ノ内町11
PHP INTERFACE　http://www.php.co.jp/
組　版　　有限会社エヴリ・シンク
印刷所
製本所　　図書印刷株式会社

 ISBN978-4-569-76291-3

PHP文庫好評既刊

「お金が貯まらない！」が治る本

横山光昭 著

年収600万円の人より、年収300万円の人のほうがお金が貯まる才能アリ！　生活習慣を変えて誰でも貯蓄体質に変わる方法を伝授する。

定価　本体五七一円（税別）